AF294793

Andreas Neider

Die Intelligenz des Planeten

Andreas Neider

Die Intelligenz des Planeten

Zwischen Klimawandel und KI – Wohin entwickelt sich die Menschheit?

AKANTHOS AKADEMIE

Edition Zeitfragen

Akanthos Akademie für Anthroposophische
Forschung und Entwicklung · Stuttgart

Über den Autor

Andreas Neider, Jahrgang 1958, Studium der Philosophie, Ethnologie, Geschichte und Politologie. 17 Jahre Tätigkeit im Verlag Freies Geistesleben, zunächst als Lektor und dann als Verleger.

Seit 2002 Leiter der Kulturagentur „Von Mensch zu Mensch". Seit 2004 Veranstalter der jährlich stattfindenden Stuttgarter BildungsKongresse.

2015 Mitbegründer der Akanthos-Akademie Stuttgart e.V. Buchautor und Referent für Anthroposophie, Meditation, Medienpädagogik und Kritik der digitalen Transformation.

Zahlreiche Veröffentlichungen im Verlag Freies Geistesleben und im Rudolf Steiner Verlag.

Der Autor steht für Seminare und Vorträge zum Thema des vorliegenden Buches zur Verfügung. Kontakt: aneider@gmx.de und www.andreasneider.de

Rudolf Steiner (1861 – 1925) zum 100. Todestag gewidmet

Ihr seid die Bewohner ein und desselben Planeten,
die Passagiere ein und desselben Schiffes. …
Die Erde lehrt uns mehr über uns als alle Bücher.

Antoine de Saint Exupéry (1900 – 1944)
Wind, Sand und Sterne

Bibliographische Information der Deutschen Nationalbibliothek: Die Deutsche Nationalbibliothek verzeichnet diese Publikation in der Deutschen Nationalbibliographie; detaillierte bibliographische Daten sind im Internet über www.dnb.de abrufbar.

Sämtliche Rechte der Wiedergabe jeglicher Art (Fotokopie, Scan und Übersetzung, elektronische Speicherung und Verarbeitung) auch auszugsweise, liegen bei der Akanthos Akademie e.V

info@akanthos-akademie.de
www.akanthos-akademie.de

1. Auflage 2025
Konzept und verlegerische Betreuung: Andreas Neider
Umschlagmotiv: Andreas Neider
© 2025 Akanthos Akademie e.V., Stuttgart
Verlag: BoD · Books on Demand GmbH, In de Tarpen 42,
22848 Norderstedt, bod@bod.de
Druck: Libri Plureos GmbH, Friedensallee 273,
22763 Hamburg
ISBN: 978-3-7693-1403-8

Inhalt

Vorwort

Ein zentraler Topos der gegenwärtigen Menschheitskrise, ist wohl das vor allem durch die *Corona-Krise* in das Bewusstsein der gesamten Menschheit getretene *Gefühl der Getrenntheit.** Dieses Thema wird auch durch den Untertitel *Zwischen Klimawandel und Künstlicher Intelligenz* umschrieben und bildet damit eine wesentliche Grundlage des vorliegenden Buches. Es ist aus einer Reihe von Vorträgen und Seminaren hervor gegangen, die der Verfasser in den Jahren 2022 bis 2024 an verschiedenen Orten in Deutschland und in der Schweiz gehalten hat.

Die Antwort auf die zentrale Frage, wie diese *Getrenntheit* im Hinblick auf unser Verhältnis zur Natur zu überwinden sei, dürfte – so jedenfalls die Überzeugung des Verfassers – einen wesentlichen Beitrag zur Bewältigung der Klimakrise und damit zur Gesundung unseres Planeten liefern. Durch die Überwindung der *Getrenntheit* könnte sich weiterhin auch die Möglichkeit zu einem selbstbestimmten, sozial verträglichen und ökologisch vertretbaren Umgang mit der *Künstlichen Intelligenz* und zugleich zu einer völlig neuen Art von Technologie ergeben, die der Zukunft des Planeten dienen und ihn nicht mehr zerstören würde.

Ein solch ambitioniertes Programm mag jedoch zu Recht als ein sehr gewagtes und viel zu großes Unterfangen erscheinen, um in einem Buch und dazu noch von einem einzelnen Autor bewältigt werden zu können. Und es wäre tatsächlich als Hybris zu betrachten, wenn der Verfasser meinen würde, mit dem

---

* Sternchen im Text verweisen auf die Anmerkungen ab Seite 127.

vorliegenden Buch die Universalantwort auf die genannten großen Menschheitsfragen der Gegenwart liefern zu können. Um eine solche Universallösung kann es also hier nicht gehen.

Vielmehr soll anhand einer tiefer in diese Fragen eindringenden Betrachtungsweise eine Blickwendung angeregt werden, die es den Leserinnen und Lesern ermöglicht, eine neue Perspektive für die im Titel dieses Buches genannte *Intelligenz des Planeten* zu gewinnen. Diese umfasst im Wesentlichen drei Gebiete: die *Natur*, die *menschliche Moralität* und den ganzen Bereich der *Technologie*, die sich heute vor allem auf dem Felde der *Künstlichen Intelligenz* weiter entwickelt.

Die ersten drei Kapitel behandeln zunächst um die mit der Zukunft der Natur verbundenen Fragen, die sich heute vor allem angesichts des Klimawandels stellen. Dabei geht es uns nicht so sehr um die Frage, wie sich das für den Klimawandel verantwortlich gemachte CO_2 möglichst schnell reduzieren lässt, sondern vielmehr um die Frage, durch welche Haltung der Natur gegenüber die ökologische Krise überhaupt erst entstehen konnte.

Es zeigt sich nämlich, dass die Menschheit und ihr Planet keinesfalls als getrennt voneinander zu betrachten sind, sondern einen gemeinsamen Ursprung und eine gemeinsame Evolution durchlaufen haben. In deren Verlauf hat sich der Mensch aber zugunsten seiner Freiheit immer mehr aus den ursprünglichen Zusammenhängen mit den Naturreichen des Mineralischen, des Pflanzlichen und des Tierischen herausgelöst. Dadurch wiederum ist der Mensch der ihm ursprünglich zugedachten Aufgabe, die *Intelligenz des Planeten* zu bilden, verlustig gegangen.

Um die Zukunft des Planeten zu sichern, musste diese Aufgabe nun an Stelle des Menschen zunächst von einem anderen, mit der Sonne verbundenen Wesen, übernommen werden. Diese *Sonnenintelligenz,* die wir auch als den *Christus* bezeichnen, hat aber in der Folge die Sonne verlassen und sich mit der Erde vereinigt. Mit diesem Opfer sollte dem Menschen die Erfüllung seiner ursprünglichen Aufgabe, die *Intelligenz des Planeten zu bilden,* doch noch ermöglicht werden. Das aber kann, dem Wesen des Menschen entsprechend, nur in Freiheit geschehen. Sich dieser in seiner Freiheit liegenden Verantwortung bewusst zu werden, darum sollte es also, um der Zukunft des Planeten willen, in erster Linie gehen.

Im vierten Kapitel beschäftigen wir uns dann mit der sogenannten *KI* und zeigen auf, wie uns die Entwicklung der KI nicht nur vor technologische und ethische Probleme stellt, sondern vor allem auch vor ökologische und soziale Probleme. Wir lenken den Blick also weniger auf die Problematik einer scheinbar die menschliche Intelligenz ersetzenden KI, wozu sie mitnichten in der Lage sein wird.* Vielmehr versuchen wir aufzuzeigen, dass die KI als die heute als maßgeblich angesehene Form zukünftiger Technologien die ökologischen und sozialen Problem immer weiter verschärfen und die Zukunft des Planeten deshalb, deutlich stärker als bisher wahrgenommen, in Frage stellen wird.

In Zukunft könnte sich als ein Gegengewicht jedoch eine ganz anders geartete Technologie entwickeln, die als Energiequelle nicht mehr auf *Elektrizität,* sondern auf der menschlichen *Moralität* beruhen wird. Sie kann deshalb auch als *moralische Technologie* bezeichnet werden. Darauf werden wir vor allem im letzten Kapitel Buches näher eingehen. Eine solche Technologie benötigt jedoch als Voraussetzung eine *Weiterentwicklung* der menschlichen Moralität und damit auch unseres Verhältnisses zur Natur, d.h. unseres ökologischen Gewissens. Auf dieses werden wir im fünften und sechsten Kapitel ausführlich zu sprechen kommen.

Die grundlegenden Ideen, die in diesem Buch dazu entwickelt werden, verdankt der Verfasser der Anthroposophie Rudolf Steiners, die seit über 45 Jahren seinen zentralen Lebensinhalt bildet. Damit verbindet er die Hoffnung, dass diese anthroposophischen Ideen möglichst vielen Leserinnen und Lesern helfen werden, die Zukunft von Erde und Menschheit in einem neuen Licht sehen zu lernen und durch eigenes Tun dazu beizutragen, den Pessimismus, der im Hinblick auf diese Zukunft vor allem auch die jungen Menschen bedrückt, zu überwinden.

Damit der Mensch in Zukunft tatsächlich zum eigentlichen Träger der *Intelligenz des Planeten* werden kann, sollen mit diesem Buch nicht nur eine neue Sichtweise, sondern auch praktische Ideen vermittelt werden, wie durch die grundlegende Veränderung unseres Verhältnisses zur Natur und zum ganzen Planeten, die oben genannte *Getrenntheit* überwunden werden kann.

Weil im Schönbuch, Weihnachten 2024

1.

Das Anthropozän und das Verhältnis des Menschen zur Erde

Die Entstehung der ökologischen Bewegung

Das Verhältnis der Menschheit zur Erde hat sich in den letzten Jahrhunderten und insbesondere im 20. und 21. Jahrhundert deutlich wahrnehmbar verändert. Der niederländische Klimaforscher und Chemiker *Paul Crutzen* hat deshalb im Jahre 2000 vorgeschlagen, ein neues geologisches Erdzeitalter mit dem Namen *Anthropozän* einzuführen, dessen Beginn er und seine Kollegen auf das Jahr 1950 festgelegt haben. Denn seit diesem Jahr sei bis in die Geologie hinein feststellbar, dass sich der Mensch zu einem entscheidenden Faktor der Erdentwicklung entwickelt hat.*

Und tatsächlich können wir an zahlreichen Problemen deutlich bemerken, dass die Menschheit durch ihre technologische und kulturelle Entwicklung einen ganz entscheidenden, zumeist aber negativen Einfluss auf den Zustand unseres gesamten Planeten genommen hat. So hat die Meeresbiologin *Rahel Carson* in ihrem 1962 erschienenen Buch *Der stumme Frühling* als eine der ersten darauf hingewiesen, welche gravierenden Auswirkungen die in der Landwirtschaft verwendeten Pestizide auf die Tier- und Pflanzenwelt haben und begründete damit die weltweit tätige Umweltschutzbewegung.**

Seither wurden der Menschheit immer wieder die *Grenzen des Wachstums* aufgezeigt.*** Dennoch nahm die Zerstörung unserer natürlichen Umwelt vor allem durch die extensiv betriebene Landwirtschaft seit der Mitte des 20. Jahrhunderts immer mehr zu. Die Folgen sind mit dem von Rahel Carson geprägten Ausdruck eines *stummen Frühlings* sehr gut beschrieben. Denn die hauptsächliche Konsequenz dieser Art von Landwirtschaft ist ein heute praktisch für jeden Menschen wahrnehmbares globales Artensterben.* In Folge der in der Landwirtschaft nach wie vor verwendeten Pestizide und anderer Insektenvernichtungsmittel sowie der auch weiterhin verwendeten Kunstdünger werden aufgrund der seit der Begründung der Umweltschutzbewegung bekannten ökologischen Zusammenhänge immer mehr Tier- und Pflanzenarten ausgerottet.**

Am deutlichsten wird seit dem Ende des 20. Jahrhunderts der sogenannte Klimawandel wahrgenommen.*** An ihm zeigt sich nun der negative Einfluss der Menschheit auch auf das Klima unserer Erde. Denn die Temperaturen von Luft und Wasser haben sich im Laufe des 20. und 21. Jahrhunderts immer mehr erhöht und dadurch zu Naturkatastrophen, zu Austrocknung, Wassermangel und Hungersnöten, ja zu einer weltweiten Flüchtlingsbewegung beigetragen.

Als Hauptursache für diese Erwärmung wird von der Klimaforschung der weltweite Ausstoß von Kohlendioxyd, kurz CO_2 genannt, ausgemacht, weshalb sich die Klimaschutzbewegung weltweit auf eine weitest gehende Reduktion des nun mehr als *Klimagas* bezeichneten Kohlendioxyds fixiert hat.**** Ob das CO_2 aber tatsächlich der einzige nennenswerte Klimafaktor ist, wird heute kaum hinterfragt. Wir werden auf die Problematik einer solchen Ursachenreduktion später noch zurückkommen.

Zusammengefasst kann jedoch gesagt werden, dass die heutige Naturwissenschaft davon ausgeht, dass die Menschheit seit dem 20. Jahrhundert einen entscheidenden Einfluss auf die Evolution der Erde als eines organischen Lebewesens genommen und diesen Organismus dadurch in gravierender Weise geschädigt und zu mehr oder weniger großen Teilen bereits zerstört hat.

Diese Betrachtungsweise erweist sich zugleich als ein deutliches Symptom für das grundsätzliche Problem dieser Wissenschaft. Denn praktisch jeder heutige Naturwissenschaftler betrachtet sich und damit den Menschen immer als *getrennt* von der von ihm beobachteten Natur. Der Mensch als Subjekt beobachtet und untersucht die von ihm getrennt erlebte Natur und steht dieser durch diese Art der Betrachtung als fremd gegenüber. Dieses Erleben haben wir oben bereits als das *Gefühl der Getrenntheit* bezeichnet.*

Wie anders aber würden wir die Evolution der Erde begreifen, wenn wir die Erde nicht als ein vom Menschen getrenntes Objekt, sondern als ein mit ihm verbundenes und sich mit ihm gemeinsam entwickelndes Subjekt betrachten würden? Wenn wir die Evolution also nicht erst seit dem 20. Jahrhundert, sondern von Beginn an als eine gemeinsame Evolution von Menschheit und Erde anschauen würden? Wenn der Mensch also kein Einsiedler, sondern ein integraler Bestandteil der Erde und mithin des ganzen Kosmos wäre, und wir folglich zu der Auffassung kommen würden, dass es die Erde ohne den Menschen gar nicht geben würde, so wie es den Menschen ohne Erde nicht geben kann.

Ein solcher Perspektivenwechsel könnte zugleich auch einen Methodenwechsel bewirken, durch den sich der Beobachter nicht mehr als fremd seinem Beobachtungsgegenstand gegenüber verhalten würde. Denn wenn Mensch und Erde – also alle Naturreiche über die Mineralien, Pflanzen und Tiere bis zum Menschen – eine gemeinsame Entwicklung durchgemacht haben, dann könnte sich der Naturwissenschaftler als nur *scheinbar* von der Erde getrennt erleben und versuchen, diese Getrenntheit durch eine andere Methode zu überwinden. Die Wirklichkeit hinter dem Schein der Getrenntheit wäre eine innige Verbundenheit und Einheit!*

Eine solche Betrachtungsweise mag zunächst als eine bloße Illusion ohne jegliche Grundlage erscheinen. Die Anthroposophie Rudolf Steiners zeigt jedoch, dass es sich bei dieser Vorstellungsart um eine geistige Realität handelt, deren Entwicklung wir im Folgenden genauer betrachten wollen.**

Die gemeinsame Entwicklung der Naturreiche, der Erde und des Menschen

Die Anthroposophie beschreibt die Evolution kurz gefasst und in eigenen Worten des Verfassers so: Im Ursprung waren Mensch und Erde *ein* kosmisches Wesen, in dem sämtliche Naturreiche *in nuce* enthalten waren. Im Laufe mehrerer Evolutionsphasen entstanden die Naturreiche, also Mineralien, Pflanzen und Tiere, durch eine Art Ausgliederung. Zunächst sonderte sich aus der ursprünglichen Einheit das Mineralreich ab. Mit ihm wurde die Grundlage für den späteren *physischen Leib* des Menschen gelegt. Physischer Leib und Mineralreich entstammen also derselben Stufe der Evolution.

Danach entstand durch eine zweite Ausgliederung das Pflanzenreich und mit ihm der Äther- oder Lebensleib des Menschen. Beide haben sich folglich ebenfalls auf einer gemeinsamen Evolutionsstufe entwickelt. Auf einer dritten Stufe entstand dann durch eine weitere Ausgliederung das Tierreich und mit ihm der *Astral- oder Seelenleib* des Menschen, also auch auf einer gemeinsamen Stufe der Evolution.

Erst auf der vierten Stufe der Evolution, unserer heutigen Erde, entwickelte sich dann als höchstes Wesensglied das *Ich* des Menschen, das nur er alleine besitzt, und durch das er sich nun von den anderen Naturreichen unterscheidet. Die Natur dieses Ich aber besteht in der *Freiheit*.

Die drei anderen Naturreiche wurden dieser Freiheit wegen aus dem ursprünglichen Menschenkosmos ausgegliedert. Sie haben sich in gewisser Weise für die Freiheit des Menschen *geopfert*. Das heißt, sie haben auf die Freiheit zugunsten einer jeweils spezifischen Festlegung verzichtet. In Mineralien, Pflanzen und Tieren können wir daher die Einseitigkeiten erblicken, an die der Mensch ohne die beschriebene Ausgliederung gefesselt worden wäre.

An einem Beispiel können wir uns diesen Zusammenhang leicht veranschaulichen: Wenn wir die Hand des Menschen* mit den entsprechenden Gliedmaßen der Säugetiere vergleichen, so sehen wir, dass nur der Mensch in der Lage ist, seine Hand universell, das heißt in freier Weise zu gebrauchen. Ein Vogel kann mit seinen Flügeln nichts anderes tun als zu fliegen. Der Mensch kann mit seinen Händen einen Garten anlegen, Geige spielen oder schreiben. Diese Fähigkeiten aber muss der Mensch erst erlernen, wobei er aber weitestgehend frei darin ist, welche dieser Fähigkeiten er mit seinen Händen erlernen will.

Den Vögeln ist die Fähigkeit des Fliegens weitestgehend angeboren, sie können mit ihren Flügeln fliegen, aber eben nicht Geige spielen. Nur die Menschen verfügen über eine von ihnen selbst entwickelte *Kunst,* während die Vögel *von Natur aus Künstler* sind, darin aber eben nicht frei, sondern festgelegt.

So verfügt der Mensch also über die vier bezeichneten Wesensglieder, weil er die Evolution der Erde von Anfang an mitgemacht und auf jeder Stufe der Erdenentwicklung eines seiner Wesensglieder entwickelt worden ist. Genauer betrachtet zeigt sich an diesen Wesensgliedern und dem Grad ihrer Vollkommenheit auch ihre Entwicklungsstufe. Denn die Vollkommenheit des physischen Leibes, der Wunderbau unseres Gehirns und des Nerven-Sinnessystems, die Funktionsweise und Zusammenhänge unserer inneren Organe, die Bewegungsvielfalt unserer Gliedmaßen, all das lässt den physischen Leib eindeutig als das vollkommenste und mithin älteste Wesensglied des Menschen erscheinen.

Im Vergleich dazu ist unser Astral- oder Seelenleib, der erst auf der dritten Stufe der Evolution entstanden ist, sehr viel weniger entwickelt. Denn wie unvollkommen zeigen sich häufig unsere Gefühle und die Beherrschbarkeit unserer Emotionen, Triebe und Begierden. Bereits an den alltäglichsten Erscheinungen unseres Seelenlebens lässt sich dessen relative Unvollkommenheit gegenüber dem Wunderbau unseres physischen Leibes leicht erkennen, auch wenn bestimmte psychosomatische Erscheinungen häufig als sehr komplex erscheinen.

Der Zusammenhang der bezeichneten Wesensglieder mit den entsprechenden Naturreichen kann nun anhand zahlreicher Phänomene weiter erläutert werden. Hier sollen nur einige Beispiele genannt werden, wobei wir auf das große und komplexe Gebiet der Geologie und der Verwandtschaft des physischen Leibes mit den geologischen Zusammenhängen der Erde hier nicht weiter eingehen können.*

Den Äther- oder Lebensleib, der den physischen Leib lebendig und gesund erhält, hat der Mensch mit den Pflanzen gemeinsam. Durch die Natur- und die anthroposophische Medizin wissen wir, dass es in der Natur zahlreiche Heilpflanzen gibt, deren Eigenschaften dem Ätherleib des Menschen helfen, den erkrankten physischen Leib wieder gesund zu machen. Diese Zusammenhänge waren in den alten Kulturen der Menschheit den dafür besonders geschulten Heilkundigen immer bekannt. In der heutigen Heilpflanzenkunde ist dieses alte Wissen zum Teil immer noch anwesend. Bei eingehender Betrachtung der Heilpflanzen zeigt sich auch dem heutigen Heilpflanzenkundler eine enge Verwandtschaft in der Charakteristik, der Erscheinungsform und den Wachstumsgesetzmäßigkeiten einer Heilpflanze mit ihren heilenden Wirkungen und den diesen entsprechenden Erkrankungen des Menschen.* Diese für den heutigen Heilpflanzenkundler und Arzt offensichtlichen Zusammenhänge entstammen jedoch keinem Zufall, sondern eben dem evolutionären Zusammenhang des Pflanzenreichs mit dem Ätherleib des Menschen.

Ebenso verhält es sich mit dem Astral- oder Seelenleib des Menschen. Seine seelischen Eigenschaften, Instinkte, Triebe und Begierden hat der Mensch mit den Tieren gemeinsam, auch wenn diese weit über das hinausgehen, was die Tiere an Begierden entwickeln können. So hat der Mensch mit den Tieren den Nahrungstrieb und die Begierde nach Nahrung gemeinsam. Beim Menschen geht dieser Trieb jedoch über das Bedürfnis den Hunger zu stillen hinaus. Sowohl an der Verfeinerung der Essgewohnheiten wie an dem häufig maßlosen und ungesunden Konsum von Nahrungsmitteln zeigt sich, dass der Mensch noch über ein höheres Wesensglied als die Tiere verfügt, nämlich über ein *Ich*. Die nicht nur verfeinerten, sondern zum Teil auch maßlos gesteigerten Ernährungsgewohnheiten des Menschen unterscheiden sich dadurch von denen der Tiere. In seinem Grundcharakter aber entspricht der Nahrungstrieb des Menschen dem der höheren Tiere.

Beim Tier erscheinen Instinkte, Trieb und Begierden aber immer als festgelegt und nicht veränderbar, während der Mensch durch sein Ich in der Lage ist, die Triebe und Begierden nicht nur zu beherrschen und zu steuern, sondern auch weiter zu entwickeln. Nur der Mensch hat zum Beispiel den Trieb oder den Wunsch, ein Konzert oder eine Ausstellung zu besuchen oder ein Buch zu lesen, also den Bildungstrieb, während die Tiere auf ihre jeweilig angeborenen Triebe eindeutig festgelegt sind, sowohl was ihre Nahrung, wie auch ihre Fortpflanzungsgewohnheiten und die Pflege ihres Nachwuchses betrifft. Hieran zeigt sich einerseits also die Verwandtschaft des menschlichen Seelenleibes mit den Tieren, anderseits aber zugleich dessen Unterschiedlichkeit aufgrund des den Astralleib dirigierenden vierten Wesensgliedes, des Ich, über das die Tiere nicht verfügen.

Die anthroposophische Evolutionsanschauung zeigt an dieser Stelle, dass die anderen Naturreiche deshalb früher in Erscheinung getreten sind als der Mensch, weil sie zugunsten des Menschen auf eine Höherentwicklung verzichtet und sich dadurch jeweils einseitig entwickelt und festgelegt haben. Der Mensch war jedoch an der Entwicklung der Naturreiche von Anfang an beteiligt, denn auf ihm beruht sozusagen der eigentliche Bauplan der Evolution. Damit der Mensch als freies Wesen erscheinen konnte, gliederten sich die übrigen Naturreiche auf jeweils einer Stufe der Evolution aus der Einheit des Ganzen aus und ermöglichten dadurch die Universalität des jeweiligen Wesensgliedes des Menschen.

An dem Gesamtzusammenhang dieser vier Wesensglieder

des Menschen zeigt sich also, wie diese auf das höchste Wesensglied, das Ich, und damit auf die Freiheit des Menschen hin organisiert sind. Wenn man diesen evolutionären Zusammenhang einmal verstanden hat, dann ergibt sich daraus für jeden Menschen zugleich eine ungeheuer große Verantwortlichkeit. Weil sich nämlich anhand der beschriebenen Phänomene, die durch zahllose weitere Phänomene ergänzt werden könnten, zeigt, dass der Mensch diese Freiheit nicht umsonst erhalten hat. Sondern dass diese Freiheit aus der Sicht der drei anderen Naturreiche einen sehr hohen Preis gehabt hat, nämlich den Verzicht auf eine eigene Höherentwicklung, die dem menschlichen Ich vorbehalten blieb.

Aus dieser Perspektive muss sich notwendigerweise die Frage ergeben, wozu denn diese Freiheit nun genutzt werden soll. Denn bei jeglichem Freiheitsverständnis lässt sich immer zweierlei unterscheiden: Erstens die Freiheit *von* etwas und zweitens die Freiheit *zu* etwas.

Wozu also hat der Mensch aus evolutionärer Sicht seine Freiheit erhalten? Bekommt dadurch das von Paul Crutzen eingeführte *Anthropozän* nicht einen völlig neuen Hintergrund? Verbindet sich damit nicht notwendigerweise die Frage nach der Verantwortlichkeit des Menschen für diese Evolution, das heißt also vor allem für die Weiterentwicklung der Erde, der Naturreiche und natürlich des Menschen selber? Dieser Frage wollen wir nun im Folgenden weiter nachgehen.

2.
DIE ZERSTÖRUNG DER ERDE ALS FOLGE DER MENSCHLICHEN FREIHEIT

Der Materialismus der modernen Naturwissenschaften

Am Beginn des naturwissenschaftlichen Zeitalters wurde sich die Menschheit der oben beschriebenen Freiheit, vor allem durch die geistige Strömung des *Humanismus*, als einer Freiheit *von* göttlicher Führung und Bestimmtheit, von religiösen Autoritäten, aber auch von sozialen Bindungen bewusst.* In den Naturwissenschaften meinte man damit die Natur beherrschen und sich diese unbeschränkt verfügbar machen zu können.** Der Hauptrepräsentant dieses Herrschaftsdenkens gegenüber der Natur war der englische Begründer der modernen Naturwissenschaft *Francis Bacon* (1561 – 1626).***

Sein Ausspruch *Wissen ist Macht* hat der modernen Naturwissenschaft bis in die Gegenwart das Gepräge gegeben. Seine Darstellung der naturwissenschaftlichen Methode, bei der es darum geht, der Natur auf dem Untersuchungstisch des Labors ihre Geheimnisse zu entlocken, beherrscht die Untersuchungsmethoden der Naturwissenschaft bis heute.

Mit dieser Methodik stellte sich Bacon vor allem den bis in seine Zeit herrschenden Grundsätzen der mittelalterlichen Scholastik entgegen, die alles Wissen von religiösen Grundsätzen und Dogmen abgeleitet hatte. Diese Art des Wissens war vor allem durch die revolutionären Entdeckungen von *Kopernikus, Galilei* und *Kepler* ins Wanken geraten, die durch genaue Sinnesbeobachtung festgestellt hatten, dass nicht die

Erde, wie bisher angenommen, sondern die Sonne im Mittelpunkt unseres Planetensystems steht.

Die Wissenschaftler waren es bis in Bacons Zeit hinein nicht gewohnt, ihre Erkenntnisse durch Experimente zu überprüfen. Entsprachen ihre Ideen den Glaubensgrundsätzen der *Heiligen Schrift* und den *Schriften des Aristoteles*, dann waren sie richtig, widersprachen sie diesen, dann waren sie falsch. Von dieser Abhängigkeit der Naturwissenschaften von den Grundsätzen religiösen Glaubens wollte Bacon die Naturwissenschaft befreien.

Aber man sieht gerade an ihm, wohin diese Freiheit im Laufe der folgenden Jahrhunderte geführt hat: Zu einer rücksichtslosen Beherrschung und Ausbeutung der Natur, beruhend auf einer Methode, bei der der Naturwissenschaftler sich als Mensch außerhalb der Natur stellt, um sich diese verfügbar zu machen. Dabei begreift sich Bacon selbst wie ein der Natur gegenüberstehender Fremdling. Von dem Bewusstsein einer gemeinsamen Evolution und inniger Verbundenheit findet sich bei ihm keine Spur.

Allerdings sah sich Bacon der Natur gegenüber nicht als ein Herrscher im Sinne eines Allwissenden an, sondern er sah das Wissen des Naturwissenschaftlers als ein jeweils beschränktes, immer aufs Neue zu überprüfendes und ggf. zu falsifizierendes Wissen an, während sich der Scholastiker im Besitz der *Heiligen Schrift* und der *Schriften des Aristoteles* als ein alles Wissender und damit der Natur Überlegener empfand. Bacon ging es prinzipiell um ein auf Empirie beruhendes, sich beständig erweiterndes und dabei auch unerwartete, den bisherigen Überzeugungen wiedersprechende Fakten akzeptierendes, also nicht um ein absolutes Wissen. Zugleich aber band sich Bacon damit an die rein sinnliche Empirie, jegliche

außersinnliche Erfahrung lehnte er aufgrund ihrer mangeln-
den Überprüfbarkeit ab.

Ein besonderer Dorn im Auge waren ihm bei aller naturwissenschaftlichen Forschung die von ihm sogenannten *Idole*.
Damit meinte er die verschiedenen Arten von Vorurteilen
und liebgewonnenen Ideen, die den Wissenschaftler, ohne
dass er dieses bemerkt, zu Fehlurteilen und falschen An-
schauungen verleiten.

Unschwer lässt sich aus diesen hier nur kurz skizzierten Prinzipien Francis Bacons die Methodik der Naturwissenschaften
bis in die unmittelbare Gegenwart hinein ableiten. In ihren
Prinzipien zeigen sich zugleich die Grundsätze des mit dieser
Art von Wissenschaft einher gehenden Materialismus.

Auf diese Weise haben die Wissenschaften einen Fortschritt
generiert, der durch die aus ihnen resultierenden industriellen
Unternehmungen zu einem sich rasant entwickelnden tech-
nisch-materiellen Fortschritt geworden ist und auf den sich
heute praktisch alle Zivilisationen auf unserer Erde berufen.
Dieser Fortschritt, der im Wirtschaftsleben generell als *Wachstum* bezeichnet wird, stellt im Bewusstsein fast aller in diesem
System mitwirkenden politischen Akteure die unverzichtbare
Grundlage des menschlichen materiellen Daseins dar.

Doch wohin hat diese materialistische Wachstumsideologie,
die sich auf die eben beschriebene Methodik der Naturwissenschaften und das damit verbundene Bewusstsein der
menschlichen Freiheit stützt, geführt? Zu eben jenen massiven ökologischen Problemen, die wir zu Beginn des ersten
Kapitels beschrieben haben und derer sich heute die ganze
Menschheit bewusst geworden ist.

Ist die ökologische Bewegung
nicht auch materialistisch?

Nun wird der heutige Naturwissenschaftler dieser kritischen Darstellung jedoch entgegnen, dass sich die Naturwissenschaften dieser Problematik seit *Alexander von Humboldt* immer mehr bewusst geworden sind und sich gerade deshalb die ökologisch orientierte Wissenschaft entwickelt hat. Die hier gemeinten Klimaforscher, Biologen, Zoologen, Entomologen und Meeresforscher werden mit Recht sagen: Wir arbeiten nicht für die Industrie, sondern wir erforschen die ökologischen Lebenszusammenhänge der Erde und wollen diese dadurch vor dem Aussterben bewahren. Wir arbeiten deshalb den oben genannten zerstörerischen Folgen menschlichen Handelns gerade entgegen!

Das ist natürlich unbestreitbar und auch anerkennenswert! Dem wäre aber dennoch die Frage entgegen zu halten, inwiefern sich das ökologisch-naturwissenschaftliche Forschen von der Forschung der übrigen Naturwissenschaften, also der Physik, der Chemie usw. unterscheidet. Gibt es denn zwischen den Methoden der Wissenschaften, die sich mit dem Leben unserer Erde und mit dem Klima beschäftigen und den Wissenschaften, die sich mit dem Toten befassen tatsächlich einen prinzipiellen Unterschied? Anders gefragt: Hat die ökologische Naturwissenschaft ein tatsächliches Verständnis des Lebendigen?

Diese Frage würde ein heutiger ökologischer Naturwissenschaftler damit beantworten, dass der Mensch nicht der Herrscher über die Natur, sondern nur ein Lebewesen wie alle anderen auf diesem Planeten darstelle. Der Mensch müsse von seinem hohen Ross heruntersteigen und die Perspektive der Erde und aller Lebewesen einnehmen. Er müsse sich vom

Prinzip des *Anthropozentrismus* endlich verabschieden und
zum Prinzip des Ökozentrismus umwenden, das heißt, sich
als Teil des Ganzen der Natur begreifen und die Folgen seines
Handelns für dieses Ganze genauso wahrnehmen wie seine
eigenen materiellen Interessen.*

Aus dieser ökologischen Sichtweise hat sich in den letzten
dreißig Jahren in konsequenter Weise bis ins Wirtschaftsleben
hinein die ökologisch orientierte *Nachhaltigkeitsbewegung* entwickelt, zu deren Prinzipien es gehört, dass bei jeglichem wirtschaftlichen Handeln nicht nur der eigene Profit, sondern
zugleich auch die Folgen dieses Handelns für die Natur und
den Menschen bis in die Unternehmensbilanzen hinein berücksichtigt werden müssen.**

Doch auch dieser Betrachtungsweise gegenüber lässt sich die
Frage stellen: Verfolgt nicht auch der Ökozentrismus und die
mit ihm einhergehende Nachhaltigkeitsbewegung eine ausschließlich materialistische Sichtweise und eine Reduktion
auf rein materielle Zusammenhänge? Denn die materialistische Naturwissenschaft und somit auch die Ökologie reduzieren die Natur und damit auch den Menschen zweifelsfrei
nach wie vor auf ihre rein materiellen Bestandteile. Kann die
Erde durch eine rein auf das Materielle gestützte Betrachtungsweise tatsächlich gerettet werden?

Bleibt die Erde bei dieser Betrachtungsweise, in der diese
zwar theoretisch als ein Lebewesen beschrieben wird und in
der sich der Mensch theoretisch auch als ein Bestandteil der
Natur definiert, nicht doch ein Objekt? Und bleiben die in
Rede stehenden bedrohten Arten der Pflanzen und Tieren
dabei nicht ebenso Objekte, weil sie durch die materialistische
Betrachtungsweise eben zwangsläufig als Objekte erscheinen
müssen?

Umgekehrt gefragt: Welche Art der Betrachtungsweise braucht es, damit uns die Erde als Subjekt und die Pflanzen und Tiere als Subjekte, als ein Wesenhaftes erscheinen, das sich mit uns Menschen gemeinsam auf dieser Erde entwickelt und sich letztlich unserer Freiheit zuliebe geopfert, das heißt auf jeweils unterschiedliche Einseitigkeiten festgelegt hat?

Im ersten Kapitel haben wir versucht zu zeigen, dass sich die Entwicklung von Erde und Mensch nicht nur als eine rein materielle begreifen lässt, sondern dass sich in dieser Evolution ein viergliedriger Aufbau des Menschen und der Natur zeigt, der in einer physisch materiellen Ebene, der Ebene des Lebendigen bzw. des Ätherischen, des Seelischen und des Geistigen offenbart. Dabei haben wir gesehen, dass sich die Naturreiche aus der Evolution des Menschen heraus entwickelt haben, und dass sich somit die Erde ohne den Menschen gar nicht begreifen lässt. Die Erde würde ohne den Menschen gar nicht existieren, so wie der Mensch ohne die Naturreiche der Erde nicht existieren würde.

Auch wenn die Ökologie heute von der *Intelligenz* der Pflanzen und Tiere spricht* und diese damit immer mehr an den Menschen heranrückt, es bleibt trotzdem bei einer rein materiellen Betrachtungsweise, bei der alle betrachteten Elemente auf rein materielle Ursachen zurückgeführt werden. Diese materialistische Betrachtungsweise führt aber zu jenem verkehrten Bild, das sich der Mensch von sich selbst gemacht hat – einem Bild, in dem der Mensch nur als ein Zuschauer erscheint, der sich außerhalb der Natur befindet und der das Gleichgewicht der Natur letztlich nur stört. Konsequent zu Ende gedacht stört er dieses Gleichgewicht aber gerade dadurch, dass er dieses Zuschauerbewusstsein auf der Grundlage des modernen Freiheitsbewusstseins entwickelt hat.

Weder die Nachhaltigkeitsbewegung noch die heutigen Proteste gegen das Artensterben und für das Klima richten sich grundsätzlich gegen diese materialistische Betrachtungsweise, durch die der Mensch zu einem von den übrigen Naturreichen und Naturwesen unabhängigen Zuschauer degradiert wird.*

Wie aber, so wird sich die Leserin oder der Leser fragen, können wir denn diesem Dilemma jemals entkommen? Können wir uns an den eigenen Haaren aus dem Sumpf, in den wir durch unser Freiheitsbewusstsein und das sich daraus scheinbar notwendig ergebende materialistische Bewusstsein geraten sind, selber wieder befreien?

Diese Frage ist nun allerdings nicht neu, sondern sie wurde im christlich-religiösen Kontext auch in älteren, vorwissenschaftlichen Zusammenhängen schon gestellt: Dort tauchte sie im *Alten Testament* in dem Bilde des *Sündenfalls* auf, an den sich im *Neuen Testament* der *Erlösungsgedanke* angeschlossen hat. Dieser bestand kurz gesagt darin, dass sich die Menschheit von ihrer Sündhaftigkeit selber niemals befreien könne, und dass sie deshalb auf den Erlöser, auf den *Christus* angewiesen sei.

In heutige Sprache übersetzt würde diese Frage dann lauten: Kann sich der Mensch aus eigener Kraft von dem mit seiner Freiheit einhergehenden Zuschauerbewusstsein und den sich daraus ergebenden zerstörerischen Wirkungen auf unseren Planeten und die mit ihm lebende Natur tatsächlich selber befreien?

Mit anderen Worten: Lebt die Menschheit auf ihrem Planeten Erde mit allen sichtbaren Naturreichen tatsächlich allein oder gibt es noch andere, rein geistige Wesen, die sich neben den sichtbaren Naturwesen gemeinsam mit dem Menschen entwickelt und möglicherweise ebenfalls für sie geopfert haben? Was für ein Opfer aber sollte das sein?

Diesen unserer modernen Zeit und unserem Freiheitsbewusstsein scheinbar völlig widersprechenden theologischen Fragestellungen von der Sündhaftigkeit der Menschheit und ihrer Erlösung, die jedoch in der Geschichte der europäischen Menschheit bis in die Gegenwart eine zentrale Rolle gespielt haben, werden wir im nächsten Kapitel genauer nachgehen, um dann wieder auf die ökologische Problematik zurück zu kommen.

3.

DIE SCHULDEN DER MENSCHHEIT UND DIE BEDEUTUNG DES CHRISTUS FÜR DIE ERDE – DER MENSCH UND DIE INTELLIGENZ DES PLANETEN

Die persönlichen Schulden und das Karma des Menschen

Wenn wir im menschlichen Leben von Schulden sprechen, so können wir damit nicht nur finanzielle Schulden, sondern wir können damit auch jene Schulden bezeichnen, die wir anderen Menschen gegenüber dadurch gemacht haben, dass wir ihnen ein Leid zugefügt oder ihre Hilfe in Anspruch genommen haben. Im Allgemeinen werden wir dann versuchen, diese Schulden auszugleichen, indem wir uns für ein zugefügtes Leid entschuldigen oder uns für eine in Anspruch genommene Hilfeleistung durch eine entsprechende Gegenleistung bedanken.

Nicht immer aber gelingt uns diese *Entschuldigung* so, dass sie einen tatsächlichen Ausgleich unserer Schulden bewirkt. Es bleiben also vielfach *Restschulden,* die eben nicht ausgeglichen werden können. Was aber geschieht mit diesen? An dieser Stelle setzt in der anthroposophischen Betrachtungsweise nun der *Karmagedanke* ein. Dieser besagt, dass wir alle in diesem Leben nicht ausgeglichenen Schulden in einem nächsten Erdenleben begleichen müssen.*

Die Anthroposophie geht also von wiederholten Erdenleben aus und begründet diese, ebenso wie der *Buddhismus,* mit dem Karmagedanken. Im Buddhismus spricht man von einem *Rad der Wiedergeburten,* dem *Samsara.* Dieses Rad der Widergeburten dreht sich mit eherner Notwendigkeit solange, bis alle

29

Schulden getilgt sind. Das heißt, wir werden deshalb wiedergeboren, um unsere bei anderen Menschen bestehenden Schulden ausgleichen zu können.

Dem Alltagsbewusstsein widerstrebt dieser Gedanke zunächst, und es gibt deshalb auch zahlreiche Gegner dieser Anschauung, die die mit dem Karmagedanken verbundene eherne Notwendigkeit als eine Zumutung empfinden. Sehr häufig begründen solche Gegner ihre Haltung damit, dass der Karmagedanke dem Christentum widerspräche und weder im Alten noch im Neuen Testament zu finden sei.* Es sei vielmehr der Christus, der den Menschen ihre Schulden erlässt und ihnen ihre Sünden vergibt.

Einem modernen und wissenschaftlich gesinnten Bewusstsein, auf das sich auch Rudolf Steiner gestützt hat, erscheint es wiederum als unstimmig davon auszugehen, dass für die eigenen, persönlich verantworteten Schulden jemand anders aufkommen sollte als derjenige, der diese Schulden verursacht hat. Ist es aus dieser Perspektive nicht selbstverständlich, ja empfindet es nicht jeder moderne Mensch so, dass er für die von ihm selbst verursachten Schulden auch selbst einzustehen habe und diese folglich nur von ihm selbst ausgeglichen werden können? Für ein aufgeklärtes Bewusstsein stellt der Karmagedanke folglich kein religiöses Relikt, sondern im Gegenteil einen sehr modernen Gedanken dar.

Aus dieser sich aus dem modernen Bewusstsein ergebenden Haltung lässt sich dann auch der Wiederverkörperungsgedanke ableiten, der sich dadurch ergibt, dass in ein und demselben Erdenleben niemals alle Schulden ausgeglichen werden können und wir, um dieses Ausgleichs willen, das notwendige Bestreben haben, diese Schulden in einem zukünftigen Erdenleben wieder auszugleichen.**

Im Hinblick auf die zuvor gestellte Frage nach den Schulden der Menschheit bzw. dem Sündenfall kann man aus anthroposophischer Perspektive also eindeutig die Antwort geben, dass für alle persönlichen Schulden im Sinne des Gesetzes von Reinkarnation und Karma immer nur derjenige den Ausgleich herstellen kann, der sie verursacht hat. Was aber soll dann, sofern man dieser religiösen Fragestellung folgen will, mit den zahlreichen Stellen des Neuen Testamentes gemeint sein, wenn der Christus dort sagt: „Deine Sünden sind Dir vergeben"?

Die objektiven Schulden der Menschen
und die „Vergebung der Sünden"

An dieser Stelle gibt uns Rudolf Steiner nun eine erstaunliche Antwort. Er unterscheidet nämlich von den persönlich verursachten, also subjektiven Schulden eine zweite Art von Schulden, die er als *objektive Schulden* bezeichnet.* Was ist damit gemeint? Aus heutiger Sicht können wir damit eben alle jene Schulden bezeichnen, die die Menschheit der Erde und den Naturwesen gegenüber gemacht hat, also jene Schäden an unserer natürlichen Umwelt, die wir oben im Sinne der ökologischen Problematik und des Klimawandels schon behandelt haben.

Über diese objektiven Schulden hat die heutige Ikone der ökologischen Bewegung und die Begründerin der Protestbewegung *Fridays for Future* gegen den Klimawandel, *Greta Thunberg,* in einem Interview mit der französischen Tageszeitung *Libération* am 15.7.2019 gesprochen. Sie sprach dabei über ihre jahrelange Depressivität und die sie belastende Tatsache, dass sie allein durch ihre Existenz und den damit verbundenen Ausstoß des Treibhausgases CO_2 zu der gegenwärtigen

Klimakatastrophe beitrage. Erst durch die *Fridays for Future*-Aktionen habe sie sich von dieser Depression befreien können.*

Damit weist Greta Thunberg genau auf jene objektiven Schulden hin, die der Mensch durch seine Existenz der Erde gegenüber verursacht. Diese erhöhen sich in dem Maße, dass der Mensch sich ja immer wieder auf der Erde verkörpert. Der Mensch braucht aber die Erde, um sich wieder verkörpern und sich weiter entwickeln zu können. Was aber soll aus der Erde werden, wenn die Menschen diese Erde allein durch ihre Existenz zugrunde richten?

Rudolf Steiner formuliert es so, dass er hypothetisch annimmt, die Menschen könnten am Ende ihrer wiederholten Erdenleben ihre persönlich verursachten Schulden, also ihr Karma, tatsächlich ausgeglichen haben, doch sie hätten gleichzeitig die Erde soweit zerstört, dass die Menschheit am Ende keinen Heimatplaneten mehr hätte. An dieser Stelle weist Rudolf Steiner im Hinblick auf die oben beschriebene theologische Frage nach der Sündenvergebung durch den Christus auf Folgendes hin: Die Sündenvergebung durch den Christus beziehe sich nicht auf die persönlich-subjektiven Schulden, die jeder Mensch nur selber durch sein Karma ausgleichen kann, sondern auf jene objektiven Schulden, die die Menschheit der Erde im Laufe ihrer wiederholten Erdenleben zugefügt hat.

Eine erstaunliche Antwort! Aber dann, so könnte man sich natürlich sagen, müssten wir uns ja um die Zukunft der Erde gar keine Sorgen machen, wenn der Christus die Schäden, die wir der Erde zufügen, einfach so ausgleichen könnte! Eine solche naive Haltung widerspricht natürlich der äußeren Realität, denn es lässt sich schwerlich übersehen, dass die Schäden, die der Mensch der Erde zugefügt hat, nicht einfach so verwinden. Also könnte ein kritischer Zeitgenosse diese Aussage Rudolf Steiners leicht als eine Illusion ad acta legen und auch theologisch als falsch bezeichnen.

Doch so einfach macht es uns Rudolf Steiner an dieser Stelle nicht! Denn er fügt dem Hinweis auf die Sündenvergebung durch den Christus hinzu, dass der Christus nur dann wirksam werden könne, wenn ihn die Menschheit in ihr Bewusstsein aufnimmt! Der Christus kann die objektiven Schulden der Menschheit nur dann ausgleichen, wenn sich die Menschen mit ihm verbinden. Was heißt das, und wie genau sollte das geschehen?

Das ökologische Gewissen

Eine Richtung, in die wir als erstes schauen können, deutet auf das menschliche Gewissen. Das, was Greta Thunberg beschrieben hat, ist ganz offensichtlich ein „schlechtes Gewissen". Dieses schlechte Gewissen wird von der gegenwärtigen Klima-Politik, die versucht, den Klimawandel durch die Reduktion des CO_2 aufzuhalten, ständig aktiviert. Ähnlich wie in der Corona-Krise werden in permanentem Panikmodus immer größere Summen in eine fragwürdige sogenannte „Energiewende" gesteckt, die in Wirklichkeit gar keine Energiewende ist, denn, egal aus welcher Quelle, geht es immer noch und ausschließlich um elektrische Energie, die einzig und allein unserem materiellen Fortschritt dient.*

Ein gutes Beispiel für diesen Panikmodus, den Greta Thunberg selbst mit den Worten: „I want you to panic!" 2019 auf dem Weltwirtschaftsforum in Davos formuliert hat, bietet auch die deutsche Ikone der Klimaproteste, *Luisa Neubauer.*

In einem Interview im Herbst 2022 vor dem UN-Weltklimagipfel in Ägypten sagte sie auf die Frage, was denn davon abhängen würde, ob der Anstieg der mittleren Erdtemperatur bis zum Ende des Jahrhunderts auf maximal zwei Grad oder möglichst 1,5 Grad beschränkt werden könne: „Alles. Ich hoffe auch, dass das mittlerweile den meisten Menschen zumindest halbwegs klar ist, nachdem wir 40 Jahre lang Klima-Aufklärung betrieben haben und es sozusagen keinen Ort mehr gibt, wo nicht über das Klima gesprochen wird, zumindest ein bisschen. Wenn wir das schaffen, und das ist ja das wichtigste Ziel, die globale Erhitzung auf 1,5 Grad – oder so nah, wie wir nur irgendwie da rankommen können – zu begrenzen, dann haben wir eben noch eine Chance sogenannte Kipppunkte zu vermeiden. Das sind eben Punkte, an denen große Teile vom Klimasystem umkippen. Und dann beginnt ein Strudel, ein chaotischer, unberechenbarer und vor allem unaufhaltbarer Strudel an Erhitzung."*

Mit solchen apokalyptischen Szenarien wird heute permanent an das ökologische „schlechte Gewissen" der Menschen appelliert. Maßnahmen zum Klimaschutz werden auf diese Weise jeder rationalen Abwägung entzogen. Selbst drastische Wohlstandsverluste oder Beschränkungen grundlegender Freiheiten sollen hingenommen und möglichst gar nicht erst thematisiert werden – denn was sind diese schon, wenn ansonsten das Ende der Menschheit droht!

Das ökologische schlechte Gewissen ist also wenig hilfreich, wenn es um die Rettung der Erde, im anthroposophischen Sinne aber um die Verbindung des Menschen mit dem Christus geht. Aber auch das latent „gute Gewissen" erscheint als problematisch. Denn dieses findet sich nun hauptsächlich bei den Gegnern der Klimaproteste, die den Klimawandel als solchen leugnen und umgekehrt für ein „weiter so" plädieren.* Diese setzen sich für einen weitreichenden technologischen Fortschritt ein, der vor allem mit Hilfe der Digitalisierung und der Künstlichen Intelligenz dazu führen soll, die ökologischen Probleme auf technologische Weise in den Griff zu bekommen. Der Fortschrittsglaube der Digitalindustrie und des Transhumanismus, mit dem wir uns im nächsten Kapitel ausführlich beschäftigen werden, beruht auf einem solchermaßen beruhigten „guten Gewissen".

Zwischen dem schlechten und dem guten Gewissen aber bewegt sich das eigentliche, menschliche Gewissen. Anders als die beiden erst genannten Formen, entsteht das eigentliche Gewissen nicht automatisch, es lebt auch nicht im Kopf, sondern es entsteht erst, wenn der Mensch sich darum bemüht, ein wirkliches Gewissen auszubilden. Und es bildet sich demgemäß nicht im Kopf, sondern im Herzen!** Die sich daraus entwickelnde *Stimme des Gewissens* kann in anthroposophischem Sinne als die Stimme des Christus verstanden werden.

Bevor wir der Frage, wie sich die Beziehung des Menschen zur Christuswesenheit konkret gestalten lässt, weiter nachgehen, müssen wir zuvor noch eine andere Frage klären, nämlich die nach der Ursache des Sündenfalls. Warum ist denn der Mensch überhaupt so defizitär veranlagt, dass er durch sein Zuschauerdasein solche Schäden an der Erde verursachen kann? Wodurch ist denn dieses Zuschauerdasein überhaupt entstanden?

Der Mensch und die „Intelligenz des Planeten"

An dieser Stelle können wir aus der Perspektive der Anthroposophie die folgende Antwort geben: Ursprünglich, am Beginn der beschriebenen gemeinsamen Evolution des Menschen und der Erde war der Mensch dazu bestimmt, die Verantwortung für die Erde als eine Art sie dirigierender *Intelligenz des Planeten* zu übernehmen.* In dieser *Intelligenz* wären die drei Bereich der *Natur*, der *Moralität* und der *Technologie* miteinander vereint gewesen. Wobei man sich unter *Technologie* etwas ganz anders vorzustellen hat als heute, nämlich dem ursprünglichen griechischen Wortsinn nach eine Art von künstlerischer Fähigkeit.**

Die damalige Erde hatte aber noch nicht den Charakter der heutigen Erde, sondern noch einen eher sonnenhaften Charakter. Nun ist der Mensch aber durch den Widersacher, der in der Anthroposophie als *Luzifer* bezeichnet wird, dazu verführt worden, sich viel tiefer als ursprünglich vorgesehen mit dieser Erde zu verbinden. Dadurch trat eben der *Sündenfall* ein, durch den der Mensch seine ihm ursprünglich zugedachte Intelligenz verloren hat, und auch die Erde selbst hat einen viel irdischeren Charakter angenommen. Was wiederum zur Folge hatte, dass die Herrschaft über die Erde nun nicht mehr durch die Intelligenz der Menschheit, sondern durch die Intelligenz der Sonne ausgeübt werden musste. Die Erde wurde dadurch gewissermaßen nur noch wie von außen dirigiert. Um diesem letztlich unhaltbaren Zustand nun abzuhelfen, hat sich die *Intelligenz der Sonne*, die wir im Christentum als den *Christus* bezeichnen, mit der Erde verbunden. Erst dadurch konnte die Herrschaft über die Erde wieder an die Erde selbst übergehen. Mit einer gewaltigen Einschränkung:

Die mit der Erde verbundene Menschheit wurde nämlich durch den Verlust ihrer ursprünglichen Intelligenz durch den zweiten Widersacher, der in der Anthroposophie als *Ahriman* bezeichnet wird, so mit der Erde verbunden, dass sich dadurch der Materialismus und in der Folge eben auch jene Naturwissenschaft herausgebildet hat, die zur Zerstörung der

Erde geführt hat. Ahriman versucht als eine Art *Dämon des Planeten** die Herrschaft über die Erde an sich zu reißen. Auf diese Weise haben sich die objektiven Schulden der Menschheit gegenüber der Erde eben immer mehr erhöht.

Nun könnte man sich natürlich angesichts dieser komplizierten Entwicklung fragen, wozu denn diese ganze Operation überhaupt gut sein sollte. Warum kam es denn überhaupt zu diesem Fall des Menschen? Darauf gibt es eine sehr einfache Antwort: Um der Freiheit des Menschen willen! Denn wie wir oben schon gesehen haben, ist die Evolution auf die Freiheit des Menschen ausgerichtet. In diese Freiheit kann auch der Christus nicht einfach eingreifen. Denn das würde er natürlich tun, wenn er die objektiven Schulden der Menschheit quasi einfach so übernehmen würde.

Der Christus wahrt die Freiheit der Menschheit, und es liegt daher an ihr, sich mit ihm zu verbinden und ihm dadurch die *Vergebung der Sünden*, also den Schuldenausgleich der Erde gegenüber zu ermöglichen. Hier wird die Leserin oder Leser sich natürlich fragen, was das denn nun wieder heißen soll? Wie soll sich denn der Mensch mit dem Christus verbinden? Und auf welche Weise würde der Christus denn dann die immensen Schulden der Menschheit der Erde gegenüber hinwegnehmen? Oder anders gefragt: Wie würde denn die Erde dann aussehen, wenn diese Schäden ausgeglichen werden könnten?

Aufgrund der obigen Schilderung über die ursprüngliche *Intelligenz* der Menschheit könnten diese beiden Fragen aber auch anders formuliert und in folgender Weise zusammengefasst werden: *Auf welchen Wegen kann denn die Menschheit ihre ursprüngliche Intelligenz wiedererlangen?*

Wenn das möglich wäre, so könnte man zunächst vorausschauend sagen, dann müsste die Menschheit der Erde gegenüber keine neuen Schulden mehr machen und könnte sich damit als der *Intelligenz des Planeten* würdig erweisen. Zugleich könnten dann die bisher erworbenen Schulden tatsächlich ausgeglichen werden.

Da die *Intelligenz des Planeten* seit dem Tod auf Golgatha nun aber der Christus ist, kann die Menschheit diese Intelligenz eben nur dadurch wiedererlangen, dass sie sich mit ihm verbindet. Auf diese damit verbundene Aufgabe hat bereits der Apostel *Paulus* im Neuen Testament in seinem Brief an die Galater (2,19-20) mit folgenden Worten hingewiesen: „Ich bin mit Christus gekreuzigt. Ich lebe, doch nun nicht ich, sondern *der Christus in mir.*"*

Wir werden auf die Frage, wie sich dieses Christusbewusstsein gegenwärtig und in der Zukunft realisieren ließe und wie die Erde sich dann weiter entwickeln würde, unten noch ausführlich eingehen. Dabei geht es nicht nur um die Menschen, die sich äußerlich zum Christentum bekennen, sondern um alle Menschen, denn dieses Bewusstsein ist nicht davon abhängig, dass man es mit dem Namen des Christus benennt, sondern davon, dass man die von Paulus beschriebene Lebenshaltung tatsächlich realisieren kann.

Zunächst aber werden wir uns dem Thema der planetarischen Intelligenz von einer anderen Seite zuwenden. Denn, wie jeder Leserin und jedem Leser deutlich sein wird, beginnt ja heute eine ganz andere Form von Intelligenz die Menschheit und damit die Erde zu beherrschen, nämlich die sogenannte *Künstliche Intelligenz*, kurz *KI* genannt.

Solange die Menschheit das Christusbewusstsein noch nicht entwickelt hat, gerät sie zugleich unbewusst immer mehr in den Herrschaftsbereich jener anderen Macht, nämlich *Ahrimans*. Er konnte seine Herrschaft über die Erde in den letzten Jahrhunderten durch das vom Menschen entwickelte materialistische Bewusstsein immer weiter ausdehnen. Mittels der künstlichen Intelligenz aber versucht er, diese nun vollständig an sich zu reißen.*

4.

Menschliche und Künstliche Intelligenz – auf dem Weg in den Transhumanismus

Die positiven Seiten des Fortschritts

Wir haben uns bisher hauptsächlich mit zwei Bereichen der *Intelligenz des Planeten* beschäftigt, nämlich mit der *Natur* und mit der menschlichen *Moralität* und wollen uns nun dem dritten Feld, dem Bereich der *Technologie* zuwenden.

Dazu sei vorab bemerkt, dass es uns nicht um eine grundsätzliche Verurteilung des wissenschaftlich-technologischen Fortschritts geht. Denn wer würde in Frage stellen, dass uns die damit einhergehende Entwicklung als Menschheit auf vielen Gebieten einen tatsächlichen Fortschritt gebracht hat. Nehmen wir nur das Gebiet der Medizin, dann können wir leicht sehen, dass durch die zahlreichen wissenschaftlichen und technologischen Entdeckungen und Entwicklungen allein in den letzten 150 Jahren praktisch jedem Menschen sehr viel Leid und Elend erspart bleibt und sich dadurch die allgemeine Lebensqualität deutlich erhöht hat.

Aber auch auf dem Gebiet der Ökologie ist dieser Fortschritt ein tatsächlicher. Denn wenn man zum Beispiel die Wasserqualität der Themse im 19. Jahrhundert, wo dieser Fluss zu einem übel riechenden Abwasserkanal verkommen war, mit seinem heutigen Zustand vergleicht, dann kann man feststellen, wie durch die Erforschung des Wassers und seiner Lebensbedingungen und die daraus resultierenden das Wasser schützenden Maßnahmen eine drastische Verbesserung der Wasserqualität und damit auch der Lebensqualität erreicht worden ist.*

Diese Beispiele ließen sich leicht auch auf zahlreiche andere Gebiete wie etwa das der ökologischen Landwirtschaft, des Verkehrs, des Hausbaus und natürlich auf das große Gebiet des sozialen Fortschritts ausdehnen. Dennoch hat sich, wie wir oben gesehen haben, die grundsätzliche Methode der Wissenschaft, die eben auf einem materialistischen Zuschauerbewusstsein beruht, nicht verändert.

Deshalb wird der von dem oben erwähnten *Johan Rokström** ausgehende Optimismus, dass die Menschheit durch die Berücksichtigung der neun Belastungsgrenzen des Planeten dazu in der Lage sein wird, auf der Erde weiterhin in einem gewissen Wohlstand leben zu können, ohne den Planeten dabei zu zerstören, auch nur von sehr wenigen Wissenschaftlern in Frage gestellt.

Wie Digitalisierung und Künstliche Intelligenz immer mehr Lebensbereiche erobern

Die im Folgenden genauer zu beschreibende Entwicklung der *Künstlichen Intelligenz*** und der mit ihr verbundenen, nach wie vor auf elektrische Energie angewiesenen Technologien stellt nun jedoch die gesamte ökologische Bilanzierung der gegenwärtigen Klimafolgen- und sonstiger ökologischer Forschung grundsätzlich in Frage und zwar nicht nur in ökologischer, sondern auch in sozialer Hinsicht. Leider wird diese Entwicklung nur von sehr wenigen Wissenschaftlern, geschweige denn von der Politik bemerkt. Sie geht in dem allgemeinen Hype um die Digitalisierung und die Künstliche Intelligenz vollkommen unter.***

Während sich also die Klimaschutz- und Nachhaltigkeitsbewegung damit beschäftigt, wie wir durch nachhaltiges Wirtschaften, vor allem im Bereich der Landwirtschaft der Industrie und des Verkehrs, den CO_2-Ausstoß so verringern können, dass wir dadurch die Fortexistenz der Erde sichern, entwickelt sich durch die Digitalindustrie und die rasante Entwicklung der Künstlichen Intelligenz eine neue, ökologisch-soziale Bedrohung für Erde und Mensch. Auf diese werden wir weiter unten noch zurückkommen.

Schauen wir uns zunächst die Entwicklung der Künstlichen Intelligenz etwas genauer an. Noch vor 50 Jahren und in vielen Bereichen auch heute noch war die menschliche Umgebung durchgehend von *menschlicher Intelligenz* durchsetzt. Wir sprechen zwar leichthin von der Natur, aber in Wirklichkeit gibt es da, wo Menschen die Erde bewohnen, eigentlich keine vom Menschen nicht in irgendeiner Weise gestaltete Natur. Das, was wir *Landschaft* nennen, ist immer eine vom Menschen gestaltete Landschaft. So ist beispielsweise der gesamte Raum der Alpen eine vom Menschen gestaltete Landschaft.*

Noch bis ins ausgehende Mittelalter waren viele Täler der Alpen praktisch unbewohnbar, weil die Schneeschmelze und die Wassermassen eine beständige Erosion mit sich brachten, durch die eine Besiedlung der Täler aufgrund der damit verbundenen Erdrutsche und Überschwemmungen nicht möglich war. Erst durch die Bewirtschaftung der Berghänge durch die Bergbauern und ihr Vieh wurden die Abhänge der Täler so weit befestigt, dass es aufgrund dessen zu keinen nennenswerten Erdrutschen und Überschwemmungen mehr kam. Erst dadurch konnten die Menschen sich dann in den Tälern niederlassen und dort ihre Städte begründen. Diese Verhältnisse bestehen bis heute, sind aber in vieler Hinsicht vor allem durch den Ski-Tourismus bedroht.**

An diesem Beispiel aber kann man leicht sehen, wie durch die menschliche Intelligenz eine ganze Kulturlandschaft entstanden ist und dadurch von menschlicher Intelligenz durchzogen wurde. Auch unsere unmittelbare Umgebung ist überall von dieser Intelligenz gestaltet. Jede Landstraße, auch wenn sie sich durch eine noch so schöne Landschaft hindurchzieht, ist Ausdruck dieser Intelligenz – jede Brücke, jeder Strommast, überall sehen wir ihre Zeichen.

Nun tritt durch die Digitalisierung der meisten Lebensbereiche und mit der Entwicklung der *Künstlichen Intelligenz* an vielen Stellen nicht mehr die vom Menschen verantwortete eigene Intelligenz, sondern die von Maschinen gesteuerte Intelligenz in Erscheinung. Diese scheint sich zwar zunächst nur auf die Erleichterung der menschlichen Büroarbeit zu erstrecken. In Wirklichkeit aber greift ihre Entwicklung in viel umfassenderer Art in praktisch alle Lebensbereiche ein, was wir zum Beispiel im Bereich der industrialisierten Landwirtschaft sehen können.

Ein voll industrialisierter Landwirtschaftsbetrieb wird bereits heute von Künstlicher Intelligenz und durch Maschinen gesteuert. Dazu werden auf den Feldern überall Sensoren angebracht, die jeglichen natürlichen Vorgang überwachen. Hinzu kommen Drohnen, die die Felder auch aus der Luft überwachen können. Daraus ergeben sich entsprechend abgestimmte Düngemaßnahmen, einschließlich des damit verbundenen Einsatzes von Pestiziden. Natürlich wird auch die Bewässerung voll automatisiert und von der Maschinenintelligenz überwacht. Der frühere Landwirt, der noch selbst über seine Felder ging, um sie sich anzuschauen, kann von seinem Hof aus alle Prozesse durch die Maschinenintelligenz steuern und überblicken, er braucht sich nicht einmal mehr auf seine Erntemaschine zu setzen, denn diese kann mittlerweile autonom, also ohne ihn, über die Felder fahren. Dasselbe gilt natürlich auch für die Viehwirtschaft, wo sämtliche Futter- und Melkvorgänge vollautomatisiert sind und die Tiere durch die Künstliche Intelligenz einer permanenten Überwachung ihres Gesundheitszustandes unterliegen, mit der entsprechenden Futterbeigabe von Medikamenten und regelmäßigen Impfungen.*

Hinzu kommt die Vermarktung und Distribution der Lebensmittel, die heute ebenfalls immer mehr von Künstlicher Intelligenz gesteuert und überwacht wird, beginnend mit der Frage nach der Kundenkarte an der Kasse des Supermarktes. Über diese werden die Einkaufsgewohnheiten der Konsumenten nicht nur genauestens überwacht, sondern auch durch das gezielte Angebot, bis hin zur Einrichtung der Regale, gesteuert. Ganz abgesehen von den zahlreichen Fastfood-Ketten, durch die die Ernährungsgewohnheiten der jungen Generation massiv geprägt und gesteuert werden.

Natürlich stehen dem die positiven Entwicklungen im Bereich der biologisch-ökologischen Landwirtschaft sowie der Bio-Supermärkte entgegen. Aber auch vor diesem Wirtschaftszweig macht die Digitalisierung nicht Halt, und nur wenige Betriebe können sich dem Sog dieser Entwicklung heute noch entziehen.

Die Digitalisierung der Lebenswelt

Am deutlichsten können wir die Steuerung des Konsumverhaltens aber im Internet beobachten. Paradigmatisch tritt das bei dem Onlinepionier und digitalen Handelsgiganten *Amazon* in Erscheinung. Die Kaufaktivitäten der Kunden werden von Künstlicher Intelligenz überwacht und durch dem Konsumverhalten angepasste Angebote gesteuert. Aber nicht nur das: Amazon präsentiert nicht nur die eigenen Angebote, sondern ist inzwischen primär zu einer Handelsplattform geworden, auf der zahlreiche Händler ihre Waren anbieten. Auch das Konsumverhalten bei diesen Händlern wird von der Künstlichen Intelligenz überwacht. Amazon kann dadurch nicht nur Profite durch die Händlerprovisionen generieren, sondern mittels der Künstlichen Intelligenz auch durch eigene Angebote auf die bei den Händlern getätigten Umsätze reagieren. Werden beispielsweise bei einem Elektrohändler Batterien besonders häufig bestellt, so reagiert Amazon darauf mit der Herstellung eigener Batterien, die dann zu einem günstigeren Preis aber dennoch mit einer höheren Marge verkauft werden können.

Abgesehen davon hat Amazon durch die sogenannte *Alexa-Technologie* eine noch raffiniertere Form der Kundenüberwachung entwickelt, durch die es dem Unternehmen möglich ist, noch mehr Profit zu erwirtschaften.*

Diese Form der Überwachungstechnologie ist wiederum der Vorbote einer digitalen Technologie, die mit dem Begriff *Smart Home* bezeichnet wird. Mit Hilfe von digitaler Spracherkennung können auf diese Weise zahlreiche Vorgänge im Haushalt digital überwacht und gesteuert werden. Digitale Sprachassistenten werden aber auch in fast allen heutigen Automobilen eingesetzt und sind in die Betriebssysteme der heutigen PCs, Handys oder Tabletts integriert, sodass auch hier zahlreiche Arbeitsabläufe mit Sprachbefehlen gesteuert werden können.**

Die problematische Entwicklung
des autonomen Fahrens

Ein anderer Bereich, der der Digitalindustrie gerne auch als Vorzeigeprojekt dient, ist das vollautomatisierte Autofahren. Hier träumen die Ingenieure schon seit längerer Zeit von dem vollständig autonom fahrenden Auto, in dem der Fahrer kein Lenkrad mehr in der Hand halten muss und die Steuerung des gesamten Fahrvorganges vollständig von der digitalen Technik übernommen werden kann. Um die Sicherheit des autonomen Fahrens zu gewährleisten, wird jedoch eine digitale Überwachungstechnik benötigt, die sogenannte *5G-Technologie*, das heißt, die 5. Generation der Mobilfunktechnik.*

Denn die Verdichtung der Verkehrsströme kann natürlich nur dann sicher und unfallfrei ablaufen, wenn die Fahrzeuge nicht nur untereinander per WLAN, sondern durch die zentrale Steuerung des Verkehrs via Internet, also 5G-Mobilfunk, vernetzt agieren. Diese Vernetzung erfordert eine extrem hohe Dichte von Sendemasten, wie sie heute mit den Laternenmasten in den Städten schon vorhanden ist, weshalb 5G in diese integriert oder an anderen, straßennahen Ort angebracht werden soll.

Damit aber kommen wir nochmals auf die oben schon erwähnte Gegenläufigkeit der Digitalisierung und der Künstlichen Intelligenz zu den ökologischen Bestrebungen des Menschen zurück. Denn die Implementierung der 5G-Mobilfunkttechnologie ist mit erheblichen gesundheitlichen Risiken aufgrund der extrem erhöhten elektromagnetischen Strahlung verbunden. Zu diesen kritischen Tendenzen gehört zum Beispiel auch die Tatsache, dass das Insektensterben, das laut einer Analyse australischer Wissenschaftler zu einem totalen Aussterben sämtlicher Insekten einschließlich der Bienen innerhalb der kommenden 100 Jahre führen könnte, mit dieser elektromagnetischen Strahlung in engem Zusammenhang zu stehen scheint.*

Wie auch bei anderen technologischen Disruptionen werden die enormen Schäden für die menschliche Gesundheit und die Natur, die durch solche, einseitig auf Wachstum und wirtschaftlichen Fortschritt ausgerichteten Entwicklungen wie etwa die Atomenergie hervorgerufen werden, erst dann wirklich ernst genommen, wenn es zu massiven Katastrophen wie 2011 in Fukushima kommt oder zu gesundheitlich nachweisbaren Schäden etwa durch Asbest, DDT. Wir werden die mit der Künstlichen Intelligenz und der Digitalisierung einher gehenden ökologischen und sozialen Probleme weiter unten deshalb noch genauer untersuchen.

Zunächst aber wenden wir uns der Frage zu, warum das alles eigentlich geschieht und welches einer der treibenden Faktoren dieser Entwicklung ist.

Auf dem Weg in die totale Überwachung

An dem oben bereits erwähnten Beispiel des autonomen Fahrens und der damit verbundenen 5G-Technologie kann man bereits sehen, wohin die Digitalisierung und die Anwendung Künstlicher Intelligenz unweigerlich geführt hat: Die Digitalisierung eines so komplexen Systems wie des Autoverkehrs in unseren Städten und die Steuerung aller zuvor von menschlicher Intelligenz beherrschten Vorgänge durch Künstliche Intelligenz macht es aus technologischen Gründen notwendig, sämtliche Interaktionen, die von der Künstlichen Intelligenz gesteuert werden, ständig zu überwachen.

Daher ist es auch nicht verwunderlich, dass die technischen

Grundkomponenten der 5G-Technologie, also der drahtlosen Datenübermittlung, in einer extrem verdichteten und intensivierten Form vor allem aus China stammen, wo die 5G-Technologie nachweislich vor allem dafür eingesetzt wird, ethnische Minderheiten wie die *Uiguren* permanent zu überwachen und in totalitärer Weise zu unterdrücken und zu misshandeln.*

Der militärische Ursprung der KI

Aber nicht nur in China wird die Künstliche Intelligenz zu Überwachungszwecken angewendet, sondern, wie wir seit den Enthüllungen durch *Edward Snowden* wissen, auch durch die NSA der USA und andere Geheimdienste dieser Welt.** Und damit kommen wir auf den Entstehungshintergrund der Künstlichen Intelligenz zu sprechen, der nämlich in engster Weise mit der militärischen Entwicklung der ersten Atombombe im sogenannten *Manhattan Project* verbunden ist.

Bei deren Entwicklung zu Beginn der 40er Jahre während des 2. Weltkrieges waren nicht nur bekannte Atomphysiker wie *Robert Oppenheimer* beteiligt, sondern auch der ungarische Mathematiker *John von Neumann*. Er war es, der im Zuge der für die Anwendung der Bombe notwendigen Berechnungen ihrer Sprengkraft einen der ersten Großrechner entwickelt hat. Dieser dann später von IBM weiterentwickelte Computer, der den Namen *MANIAC* trug, bildete den Ausgangspunkt der dann weiterhin von den USA ausgehenden Computertechnologie und der sich damit entwickelnden Künstlichen Intelligenz.***

Anhand dieser Entstehungsgeschichte wird sehr schnell deutlich, dass es vor allem militärische Interessen waren, die die

Entwicklung der Künstlichen Intelligenz von Anfang an vorangetrieben und vor allem auch finanziert haben. Auf diesen Zusammenhang hat zuerst der Computerwissenschaftler *Joseph Weizenbaum* in seinen zahlreichen Publikationen hingewiesen. Weizenbaum war nach dem 2. Weltkrieg der Leiter des Instituts für Informatik am MIT in Cambridge/Massachusetts und konnte die Entwicklung der Künstlichen Intelligenz dadurch aus nächster Nähe verfolgen. Er hat sich im Gespräch mit der Autorin *Gunna Wendt* wie folgt dazu geäußert: „Fast jede Entwicklung im Computerbereich kann auf den militärischen Bedarf zurückverfolgt werden. ... Es ist eine Tatsache, dass der Computer im Krieg geboren wurde und Forschungen und Entwicklungen im Computerbereich fast ausschließlich vom Militär unterstützt wurden und heute noch werden."*

Dass die Entwicklung der Künstlichen Intelligenz vor allem von militärischen Interessen geprägt worden ist, mag einen zunächst vielleicht erstaunen. Man kann diesen Zusammenhang auch bezweifeln, negieren lässt er sich jedoch nicht. Deshalb wollen wir hier zunächst noch die Frage aufwerfen, warum die Menschheit, abgesehen von den militärischen Interessen, die Künstliche Intelligenz denn überhaupt entwickelt hat und welche Ziele heute damit bei den meisten der Entwickler verbunden sind.

Das Handlungsmuster der universellen Verfügbarkeit und die Ziele des Transhumanismus

Der deutsche Soziologe und Direktor des Max-Weber-Kollegs in Erfurt, *Hartmut Rosa,* hat in seinem auf zwei in Graz im Frühjahr 2018 gehaltenen Vorlesungen beruhenden Buch das gleichnamige Konzept der *Unverfügbarkeit* beschrieben.**

Rosa geht dabei von zwei grundsätzlich entgegengesetzten Beziehungen des Menschen zur Welt aus, nämlich dem Verhältnis der *Verfügbarkeit* und der Verfügbarmachung der Welt und dem Verhältnis der *Unverfügbarkeit* der Welt. Die seit Beginn der Neuzeit vorherrschende Subjekt-Objekt-Spaltung zwischen Mensch und Natur hat dazu geführt, dass sich der Mensch die Natur verfügbar gemacht hat. Verfügbarkeit bedeutet zugleich auch die Berechen- und Verwertbarkeit der Natur.

Das Verhältnis der Unverfügbarkeit zeigt sich vor allem an unserem Verhältnis zu Naturphänomenen wie etwa dem Schnee, mit dem Rosa seinen Essay beginnt. Wir können uns den Schnee weder verfügbar machen, denn dann schmilzt er uns regelrecht unter den Händen weg, noch können wir ihn berechnen oder uns aneignen. Schnee fällt oder fällt eben nicht. Und seine Unverfügbarkeit macht zugleich seine Faszination aus. Zu allem Unverfügbaren aber können wir in ein *Resonanzverhältnis* kommen.* Wir sagen dann: Da weht mir etwas Besonderes entgegen, oder da spricht mich etwas Besonderes an. Ähnliches lässt sich natürlich auch von Kunstwerken oder menschlichen Begegnungen sagen.

Rosa stellt nun zugleich fest, dass in dem Maße, wie wir versuchen, uns die Welt immer mehr in Reichweite zu bringen, um sie uns verfügbar zu machen, diese Welt für uns stumm wird. Dadurch verlieren wir unser Resonanzverhältnis zur Welt. Indem wir meinen, uns alles verfügbar machen zu können, hört die Welt auf, uns noch zu berühren. Der Modus der Verfügbarkeit und damit der Berechenbarkeit verwandelt unser Resonanzverhältnis zur Welt in ein, wie Rosa es nennt, *Agressionsverhältnis* zur Welt. Wenn die Welt nur noch zum „Agressionspunkt", d.h. zur Aufforderung, sie uns verfügbar machen zu müssen, gemacht wird, wo bleibt dann die dem

Unverfügbaren gegenüber sich einstellende Resonanzerfahrung?

Rosa zufolge haben wir heute vor allem durch die Digitalisierung ein überwiegend vom Denken geprägtes, die Welt verfügbar und berechenbar machendes Verhältnis zur Welt. Während wir umgekehrt versuchen, die Unverfügbarkeit des Lebens zunehmend zu eliminieren. Dabei sieht Rosa dem Lebenslauf des Menschen entsprechend sechs Stationen, die diese zunehmende Verfügbarkeitstendenz überdeutlich werden lassen.

Da ist zuerst das Tor der Geburt, an dem heutzutage nichts mehr der Unverfügbarkeit, wenn man so will, dem Schicksal überlassen wird. Alles, was mit der Geburt zusammenhängt, gerät zunehmend in den Bereich des Berechenbaren und damit des Verfügbaren. Selbiges gilt für die zweite Station, nämlich Erziehung und Bildung noch verstärkt. Auch hier können die Kinder sich nicht von sich aus entfalten, sondern wir meinen, sie durch berechenbare Lernschritte zu ebenso berechenbaren Kompetenzen führen zu müssen. Bildung wird damit unter dem Zugriff der Digitalisierung zunehmend wirtschaftlichen Verwertungskreisläufen unterworfen. Anstelle von Resonanzfähigkeit im Verhältnis zum Unverfügbaren wird somit die Haltung des sich Aneignens der Welt und damit ihrer Verfügbarkeit zur Grundhaltung aller Bildungs- und Lernprozesse gemacht.

Auch die weiteren Stationen des Lebens lassen sich, Rosas Konzept folgend, im Sinne eines Verlustes von Unverfügbarkeit beschreiben, so etwa die Wahl des Berufes und des Lebenspartners und mit Recht natürlich auch die mit der Medizin verbundenen Prozesse des Erkrankens, des Alterns, der Pflege und, last but not least, des Sterbens. Überall sehen wir heute, auch im Gesundheitswesen und in der Medizin, die Tendenz zur Verfügbarmachung am Werke, wobei die Unverfügbarkeit, d.h. die Unberechenbarkeit, die wir früher noch als schicksalhaft empfunden haben, mehr und mehr zurückgedrängt wird. Lediglich der Tod entzieht sich diesem Verfügbarkeitswahn in jeglicher Hinsicht. Er ist und bleibt das Unberechenbare, aber auch das Unentrinnbare und mithin gänzlich Unverfügbare unseres Lebens.

Als Kern seiner universellen Gesellschaftskritik sieht Rosa den Verlust jeglicher Resonanzfähigkeit und mithin ein totales Verstummen der uns umgebenden Welt, die aufgrund ihrer permanenten Verfügbarkeit von uns zwar kontrolliert werden kann, die uns zugleich aber in keinerlei Hinsicht mehr anrührt oder bewegt.

Zugleich aber wirkt diese technologisch digitalisierte Welt, die heutzutage vor allem durch das allgegenwärtige Internet omnipräsent ist, im Sinne einer angsterzeugenden Unverfügbarkeit auf uns zurück. Denn nichts ist dem normalen Menschen heute so unverständlich und seinem Zugriff so wenig verfügbar wie die Welt der alles beherrschenden Algorithmen. Diese wirken ihrerseits wie die vormals unverfügbare Natur: Eine anonyme Macht von digitalen Steuerungs- und Überwachungsinstrumenten zur weiteren Ausbildung einer künstlichen Intelligenz, von der niemand zu sagen weiß, wer diese eigentlich genau entwickelt und beherrscht und wofür der oder diejenigen ihre technologische Übermacht in Zukunft gebrauchen werden.

Anhand dieser Analyse von Hartmut Rosa können wir sehr deutlich sehen, dass es das Bestreben nach universeller Verfügbarkeit ist, welches der Entwicklung der Künstlichen Intelligenz zugrunde liegt. Gleichzeitig aber hat dieses Bestreben dazu geführt, dass die menschliche Umgebung und Umwelt heute eben nur noch partiell von menschlicher, dafür aber zunehmend von künstlicher Intelligenz durchdrungen und damit nicht mehr vom Menschen, sondern von Maschinen gestaltet wird. Damit aber kommen wir nun zu der Frage nach den Zielen dieser Entwicklung und zu der hinter diesen Entwicklungen stehenden Ideologie, dem *Transhumanismus*. Der Transhumanismus erweist sich dabei als die eigentliche Konsequenz der von Rosa beschriebenen Entwicklung einer universellen Verfügbarkeit mit Hilfe der digitalen Technologie.

Bereits im Jahr 2005 hat einer der wesentlichen Vordenker des Transhumanismus, der amerikanische Computerwissenschaftler und heutige Chefdenker von *Google, Ray Kurzweil,* in seinem Manifest *Menschheit 2.0 – die Singularität naht,* formuliert: „Letztendlich werden wir die Vorgänge, die hinter der Gesamtheit unseres Denkens stehen, völlig ergründen – und mit diesem Wissen wird uns ein mächtiges Werkzeug für die Entwicklung intelligenter Software an die Hand gegeben. Wir werden die Methoden des Gehirns anpassen, verbessern und erweitern, indem wir sie auf Computer übertragen, die weit leistungsfähiger sind als die elektrochemische Arbeitsweise biologischer neuronaler Netze."*

Was aber ist der Grundcharakter aller Leistungen, die uns die künstliche Intelligenz der von Kurzweile projektierten Maschinen bringen wird? Es ist die Berechenbarkeit. Nur das, was sich berechnen und kalkulieren lässt, kann von dieser Form der Intelligenz verarbeitet werden. Das Manifest des Transhumanismus von Ray Kurzweil sagt deshalb für das Jahr *2045* die Verschmelzung der menschlichen biologischen Evolution mit der von ihm selbst entworfenen Evolution der Maschinenintelligenz, die sogenannte *Singularität,* voraus. Er glaubt wie viele Anhänger des Transhumanismus, dass sich die Menschheit damit auf eine neue Stufe ihrer Evolution begeben wird. Das heißt mit anderen Worten, dass der Mensch seine eigene Existenz völlig an die Gesetzmäßigkeiten der digitalen Maschinen übergeben würde, was nichts anderes wäre als das Ende des Menschen. Denn je mehr die Menschen an eine Lösung aller ihrer Probleme durch die Entwicklung der Künstlichen Intelligenz glauben, desto mehr geben sie sich selbst als Menschen mit ihren geistigen, sozialen und künstlerischen Fähigkeiten auf.

Nicht nur die menschliche Umwelt, auch der Mensch selbst würde in dieser Vision des Transhumanismus allein von einer maschinellen, durch Computer gesteuerten Intelligenz beherrscht. Und ein Hauptargument für diese Vision ist, dass die maschinelle oder eben Künstliche Intelligenz der menschlichen Intelligenz überlegen sei und sich daraus eine neue Stufe der Evolution ergeben würde. Damit aber würde die im 3. Kapitel angesprochene, ursprünglich vom Menschen ausgeübte *Intelligenz des Planeten* endgültig an die Maschinen und damit an den *Dämon des Planeten,* nämlich *Ahriman,* übergehen.

Abgesehen von dem technologisch-hybriden Wahn, der hinter dieser Vorstellung steckt, zeigt sich hier in erster Linie das rein materialistische und seit der Zeit Francis Bacons nunmehr vollkommen übersteigerte Bewusstsein des Prinzips *Wissen ist Macht.* Nur dass diese Macht in den Augen des Transhumanismus in Zukunft eben bei den Maschinen bzw. bei den mit den Maschinen verschmolzenen Menschen, die dadurch aber keine Menschen mehr sein würden, läge.

Die ökologische Problematik der Digitalisierung und der Künstlichen Intelligenz

In fast allen Ländern der Erde, insbesondere der nördlichen Halbkugel, wird der digitale Fortschritt heute als der eigentliche Maßstab des Fortschritts gewertet. *Digital first – Bedenken second* war vor der Bundestagswahl 2017 der Slogan der FDP, und ein Jahr danach hatte Kanzlerin Merkel verkündet, alles digitalisieren zu wollen, was sich digitalisieren lässt.* Das Auffällige an dieser Entwicklung aber ist, dass sich von Seiten der Klimaprotestbewegung, besonders auch bei jungen Leuten, keinerlei Protest gegen diesen allgemeinen Digitalisierungswahn regt. Weder auf dem Felde der mit der Digitalisierung und der Künstlichen Intelligenz verbundenen ökologischen Problematik, noch auf der Seite der mit diesem Wahn verbundenen sozialen Problemen, auf die wir jetzt zu sprechen kommen wollen.

Die amerikanische Professorin für Computerwissenschaften *Kate Crawford* hat in ihrem 2021 in den USA erschienenen Buch *Atlas der KI**,* ganz im Sinne *Joseph Weizenbaums,* die politisch-sozialen Zusammenhänge, die die Entwicklung der KI erst möglich gemacht haben, genauestens analysiert und scharf kritisiert. Wir zitieren:

„KI ist weder *künstlich* noch *intelligent.**** Künstliche Intelligenz ist vielmehr verkörpert und materiell – hergestellt auf der Basis von natürlichen Rohstoffen, Kraftstoffen, menschlicher Arbeitskraft, Infrastrukturen, Logistiken, Geschichten und Klassifikationen. KI-Systeme sind ohne ein vorheriges ausgiebiges und rechenintensives Training mit umfangreichen Datensätzen oder vorgegebenen Regeln und Belohnungen weder autonom noch rational oder auch nur in der Lage, irgendetwas wahrzunehmen. Tatsächlich ist die künstliche

Intelligenz, so wie wir sie kennen, in ihrer Existenz sogar vollkommen auf zahlreich übergeordnete politische und soziale Strukturen angewiesen. Und aufgrund des Kapitals, das für die Entwicklung von KI in großem Maßstab erforderlich ist, und der Arten von Wahrnehmung, die durch sie optimiert wird, sind KI-Systeme letztlich so konzipiert, dass sie den bestehenden herrschenden Interessen dienen. In diesem Sinne ist künstliche Intelligenz ein Register der Macht. …

Es gibt jedoch gewichtige Gründe dafür, *warum* sich das Feld so sehr auf die technischen Aspekte konzentriert hat – auf algorithmische Fortschritte, zunehmende Produktverbesserungen und größeren Bedienungskomfort. Die Machtstrukturen an der Schnittstelle von Technologie, Kapital und Governance profitieren sehr von einer solch verengten, abstrahierenden Analyse. Um zu verstehen, inwiefern KI grundlegend politisch ist, müssen wir daher über die Betrachtung neuronaler Netze und statistischer Mustererkennung hinausgehen und stattdessen fragen, *was* optimiert wird sowie *für wen* und *wer* darüber entscheiden darf." (S. 16/17)

Schauen wir also auf die die Natur ausbeutenden materiellen Grundlagen der KI, so entdecken wir, dass nicht nur der Abbau von bestimmten Rohstoffen extrem umweltzerstörerisch wirkt, sondern auch der immens hohe und immer gigantischer werdende Energiebedarf der riesigen Rechenanlagen. Außerdem werden dabei auch die sozialen Faktoren sichtbar, und es zeigt sich, in welch ausbeuterischer Form menschliche Arbeitskraft dazu benutzt wird, nicht nur die erforderlichen Rohstoffe abzubauen, sondern auch die im Prinzip dumme KI tatsächlich intelligent zu machen.

Wie wir in Deutschland wissen, wurde ein großer Teil der Energie in der ehemaligen DDR aus Braunkohle gewonnen.

Der Braunkohletagebau ist ein gutes Beispiel dafür, was der Abbau von Rohstoffen mit der Natur macht. Große Teile von Sachsen und Sachsen-Anhalt wurden zugunsten des Braunkohleabbaus verwüstet und sowohl für Pflanzen, Tiere und Menschen unbewohnbar gemacht. Die Natur wurde dabei restlos zerstört, und es brauchte nach der Wende Jahrzehnte, bis die Natur sich von diesem Raubbau wieder erholt hatte und durch enorme Anstrengungen renaturiert werden konnte. Heute stehen auf vielen dieser großen Flächen nun die Windräder und verschandeln mit ihrem Anblick die Landschaft erneut.

So wie in Ostdeutschland damals sieht es heute in den Gebieten der Erde aus, in denen die für die Künstliche Intelligenz benötigten Rohstoffe, wie zum Beispiel *Lithium* ,heute abgebaut werden. Lithium wird vor allem für die Akkus von Elektroautos, aber auch für jedes Smartphone benötigt. Und nicht zufällig geschieht der Abbau zum Beispiel in der Gegend um San Francisco, wo das Silicon Valley liegt und wo *Elon Musk* mit seiner Elektroauto-Firma *Tesla* angesiedelt ist. Dort, wo im 19. Jahrhundert durch den Goldrausch schon einmal extremer Raubbau an der Natur stattfand, wo große Waldgebiete der Gier der Menschen zum Opfer fielen, hat man heute dicht unter der Erdoberfläche ein großes, flüssiges Reservoir an Lithium entdeckt, genannt *Silver Peak*.

In der Nähe des erwähnten Lithium Vorkommens von Silver Peak hat Elon Musk seine *Gigafactory* errichtet, die größte Lithiumbatteriefabrik der Welt. Denn Tesla verbraucht zurzeit mehr als 28.000 Tonnen Lithiumhydroxid pro Jahr, die Hälfte des gesamten Weltbedarfs. Tatsächlich könnte man Tesla deshalb eher als den größten Batterie- statt Elektroauto-Hersteller der Welt bezeichnen. Und an dem enormen Rohstoffbedarf der Digitalindustrie, auf deren Schultern die KI sich entwickelt, lässt sich deutlich ablesen, wie die KI und die sich mit ihr entwickelnden Datenspeicher, die heute als *Cloud* bezeichnet werden, keinesfalls wie eine Wolke über der Erde schweben, sondern von irdischen Rohstoffen, wie eben dem Lithium und anderen Metallen wie Cobalt und Kupfer, vollkommen abhängig sind.

Dabei steht der extensive Abbau dieser Rohstoffe in keinem Verhältnis zu ihrer Seltenheit und vor allem zu ihrer Millionen von Jahren umfassenden Entwicklungsgeschichte. Diese Rohstoffe können niemals *nachwachsen,* und wenn ihre Vorkommen verbraucht sind, dann gibt es sie auf der Erde nicht mehr. Dazu steht die extrem kurze Lebensdauer der mit ihnen betriebenen Geräte, der Smartphones, Elektroautos und Computer in extremem Widerspruch, denn diese beträgt bei einem Handy gerade einmal 4,7 Jahre. Die Lithiumbatterien sind ein Wegwerfartikel, weil ihre Lebensdauer stark begrenzt ist. Sobald ein Lithium-Akku sich nicht mehr laden lässt, muss er entsorgt werden, wobei Lithium eine hochgiftige und für Mensch und Natur schädliche Substanz ist.*

Die Digitalindustrie extrahiert also nicht nur die Daten von Milliarden von Menschen, ihr Extraktivismus entzieht unserer Erde in atemberaubender Geschwindigkeit wertvolle und seltene Rohstoffe und beutet dabei Millionen von Menschen vor allem an den Orten, wo die seltenen Erden** abgebaut werden, also in Bolivien, im Kongo, in der Mongolei und Indonesien, massiv aus.

Aber auch weltweit sind die Folgen des Raubbaus und des extrem hohen Energiebedarfs der Digitalindustrie zu beobachten. Der amerikanische Techniksoziologe *Lewis Mumford* schrieb hierzu: „Der Bergbau war die Schlüsselindustrie, die die Sehnen des Krieges lieferte und den metallenen Inhalt des ursprünglichen Kapitalstocks, der Kriegskasse vergrößerte; andererseits förderte er die Industrialisierung der Waffen und bereicherte die Geldgeber durch beide Verfahren."*

Generell kann gesagt werden, dass die großen Hersteller von digitalen Geräten und Komponenten wie *Apple*, *Intel* und *Philips* Zehntausende von Zulieferern in über 100 Ländern haben, deren Lieferketten sie nicht überschauen. Sodass die Hersteller selber niemals genauer wissen bzw. nicht wissen wollen, woher die in ihren Geräten verbauten seltenen Erden und Metalle stammen und unter welchen Bedingungen diese abgebaut werden. Die eigentlichen Rohstoffhändler bleiben häufig im Dunkeln und können ihre Ware sowohl von legalen wie auch illegalen Bergbaubetrieben beziehen. *Kate Crawford* schreibt dazu: „Wenn wir die wichtigsten Schauplätze des Abbaus von Mineralien für Datenverarbeitungssysteme besuchen, stoßen wir auf die vertuschten Geschichten von durch Säure ausgelaugten Flüssen und entvölkerten Landschaften und auf das Aussterben von Pflanzen und Tierarten, die einst für die einheimische Natur unentbehrlich waren." (A.a.O., S. 43)

Abgesehen davon kommen 95 Prozent der Seltenen Erden aus China. Diese Tatsache hängt aber nicht damit zusammen, dass diese Rohstoffe etwa nur in China vorkommen würden, sondern einfach damit, dass China aufgrund seiner totalitären Machtstrukturen dazu bereit ist, die mit dem Abbau der Rohstoffe verbundenen Umweltschäden einfach hinzunehmen. So verursacht eine Tonne wegen der Seltenen Erden raffinierte Erde, nach Schätzungen der Chinesischen Gesellschaft für Seltene Erden, 75.000 Liter saures Wasser und eine Tonne radioaktive Rückstände. (A.a.O., S. 45)

Aber nicht nur in China oder Indonesien hat der durch die

Digitalindustrie betriebene Raubbau an der Natur immense Umweltschäden zur Folge, auch in den USA sind solche Entwicklungen wahrnehmbar. Diese betreffen hier vor allem den Energiesektor, denn die riesigen Rechenanlagen, die für die Entwicklung und den Unterhalt der KI notwendig sind, haben einen so hohen Energiebedarf, dass *Amazon* beispielsweise eigene Atomkraftwerke errichtet, um diesen Energiebedarf überhaupt noch decken zu können. Auch *Google* und *Microsoft* arbeiten an solchen Konzepten, die vor allem deshalb attraktiv erscheinen, weil sie keinerlei CO_2 erzeugen und dadurch unter dem Radar der Klimaschutzbewegung bleiben. *Microsoft* will erst gar keine neuen Reaktoren errichten, sondern bereits stillgelegte Reaktoren wieder anlaufen lassen. Dabei existieren in den USA keinerlei Endlager für radioaktive Abfälle. Auch hier also wird die Natur rücksichtslos ausgebeutet und zerstört.*

Im Übrigen hat Ende des Jahres 2024 der Software-Riese *Google* einen neuen Computerchip präsentiert, der alles sprengt, was auf dem Halbleitermarkt bislang möglich schien. Der neue Chip namens *Willow* soll mithilfe von *Quantencomputing* in fünf Minuten eine Rechenaufgabe gelöst haben, für die der bislang schnellste Computer zehn Quadrillionen Jahre benötigen würde. Der Haken an der Sache aber ist: Der Energieverbrauch dieser neuen Quantencomputer ist exorbitant höher als der Verbrauch herkömmlicher Rechner. Superchips wie *Willow* werden ganz neue Maßstäbe setzen. Während Politiker hierzulande noch über die Energiebilanz von Wärmepumpen und E-Tankstellen fachsimpeln, basteln die Digitalkonzerne nimmersatte Energiefresser, deren Anwendungen bald zum Alltagsgebrauch auf Millionen Smartphones landen könnten.**

Auch beim Energiebedarf spielt China eine besondere Rolle,

denn hier werden 73 Prozent des elektrischen Stroms für die Rechenzentren aus Kohlekraftwerken bezogen. Deren CO_2-Ausstoß betrug bereits 2018 99 Millionen Tonnen und ist seither um weitere 65% angestiegen! (A.a.O., S. 52)

Das Erstaunliche an diesen Entwicklungen ist aber, dass die sogenannten *Klimaaktivisten* diese mit der Digitalindustrie und der KI verbundenen Umweltschädigungen sowie die damit verbundenen sozialen Missstände nicht zur Kenntnis nehmen, geschweige denn dagegen protestieren. Zwar kritisierte etwa *Greenpeace* die Verpackungsstrategie und den damit verbundenen Müll und CO_2-Ausstoß von *Amazon** und auch die chinesische Praxis der Energiegewinnung aus Kohle. Überall aber, wo es nicht ausschließlich um das sogenannte *Treibhausgas* CO_2 geht, wird weggeschaut, zumal man ja nicht auf sein Smartphone oder Elektroauto verzichten möchte.

Abgesehen davon ist aber der CO_2-Ausstoß der weltweiten Datenverarbeitungsindustrie so hoch wie der der Luftfahrtindustrie in ihrer Blütezeit, und er steigt noch schneller als dieser an. So gehen die auf diesem Gebiet Forschenden davon aus, dass der Digitalsektor bis 2040 14 Prozent der weltweiten CO_2-Emissionen verursachen wird, wobei der Energiebedarf bereits bis 2030 um das 15fache des heutigen Bedarfs steigen wird. (A.a.O., S. 50) Der für 2040 errechnete Anteil der Digitalindustrie am weltweiten CO_2-Ausstoß entspricht dabei genau dem Anteil, den der viel gescholtene Straßenverkehr mit fossilen Brennstoffen am weltweiten Ausstoß von CO_2 im Jahr 2022 gehabt hat.** Dabei wird die Autoindustrie von der Klimaschutzbewegung seit Jahrzehnten wie eine Sau durchs Dorf getrieben und insbesondere in Europa mit immer schärferen Auflagen in den Ruin getrieben, während sich die Digitalindustrie, was ihren Rohstoff- und Energiebedarf betrifft, ungestört zu immer neuen Extremen weiter entwickeln kann.

Zu dieser Problematik kommt der Transportsektor mit dem enormen Logistikbedarf der Digitalbranche noch hinzu. Das Frachtaufkommen der für den Transport der Rohstoffe, der Teilekomponenten und Endgeräte benötigten Container- schiffe ist in den letzten 10 Jahren explosionsartig angestie- gen. So betrug der Anteil der Frachtschiffe am weltweiten CO_2-Ausstoß in den letzten Jahren bereits 3,1%. Wobei die meisten Reedereien minderwertige Treibstoffe verwenden, was zu einem erhöhten Ausstoß von weiteren umweltschädi- genden Schadstoffen führt. (A.a.O., S. 55)

Zum Energiebedarf und zur Logistik kommt aber auch der Wasserbedarf der Rechenzentren noch hinzu. Denn die enor- me Wärmentwicklung der Rechner erfordert eine ständige Kühlung durch Wasser. So verbraucht z.B. das riesige Re- chenzentrum der amerikanischen Sicherheitsbehörde NSA in Utah täglich etwa 6,5 Millionen Liter Wasser und dies in einer Umgebung, die überwiegend trocken bis wüstenartiger Natur ist. Kate Crawford: „So wie die Drecksarbeit in den Bergwer- ken weit von jenen Unternehmen und urbanen Bevölkerun- gen entfernt angesiedelt wurde, die am meisten von ihr profi- tieren, so liegen auch die meisten Rechenzentren weit ent- fernt von den großen Ballungszentren, sei es in der Wüste oder in Außenbezirken, wo sich vereinzelt Industrieanlagen in das Stadtbild mischen. Dies trägt dazu bei, dass wir die Cloud als etwas Unsichtbares und Abstraktes betrachten, ob- wohl sie eigentlich etwas materielles ist, was die Umwelt und das Klima in einer Weise beeinflusst, die noch längst nicht vollständig ergründet und beachtet worden ist." (A.a.O., S. 53)

Die Künstliche Intelligenz hat sich zu einer Art *Megamaschine** entwickelt, ein Bündel aus technologischen Verfahren, indus- trieller Infrastrukturen, Lieferketten und menschlicher Arbeitskräfte, die alle um den Globus angesiedelt, aber in ihrem Zusammenhang intransparent gestaltet sind. Die globalen Zusammenhänge und massiven Auswirkungen dieser Megamaschine sind bis heute nur sehr wenigen Menschen bekannt und werden von der Digitalindustrie bewusst oder unbewusst verschleiert.

Die sozialen Folgen der KI

Nirgends aber zeigen sich die sozialen Folgen der Digitalisierung deutlicher als in der Gegend um San Francisco. Denn unmittelbar neben den Quartieren mit den Luxusvillen der Hightech-Milliardäre befindet sich die größte Obdachlosen-Zeltstadt der Vereinigten Staaten. Die Heerscharen von Armen haben weder sauberes Wasser noch sanitäre Einrichtungen und medizinische Versorgung, geschweige denn ein Dach über dem Kopf – krasser als hier kommt die immer größer werdende Schere zwischen Arm und Reich nirgends auf der Erde zum Ausdruck.

Mehr oder weniger bekannt sind die Praktiken, mit denen *Amazon* seine Mitarbeiter ausbeutet und misshandelt. *Kate Crawford* berichtet von ihren Besuchen in den amerikanischen Logistikzentren, in denen sehr viel Sorgfalt auf die Transportroboter und deren Funktionieren gelegt wird, weniger Sorgfalt jedoch auf die im Maschinentrakt arbeitenden Transportarbeiter. Diese werden durch ein ausgefeiltes System von Überwachungsmechanismen ständig kontrolliert, viele von ihnen arbeiten bandagiert wegen ihrer durch die Verpackungsarbeit entstandenen Verletzungen. Es gibt Automaten mit kostenlosen Schmerzmitteln und beim Ausgang einen Metalldetektor im Hinblick auf mögliche Diebstähle. Hier wird der Mensch erbarmungslos dem Takt der Roboter, der

Bestellfrequenz und den Terminwünschen der Kundschaft unterworfen. Die Körper der Beschäftigten werden dem Termindruck rücksichtslos untergeordnet.

„Die Logiken der Effizienz, der Überwachung und der Automatisierung fließen in der aktuellen Tendenz zu computergestützten Ansätzen der Arbeitsorganisation alle zusammen. Die hybriden, mit Menschen und Robotern gleichermaßen betriebenen Auslieferungslager von *Amazon* sind ein wichtiger Schauplatz, um die Zwänge zu verstehen, die mit dieser Verpflichtung auf automatisierte Effizienz einhergehen." (A.a.O., S. 64.) Gelegentlich wird in der Presse über Proteste der Arbeitenden gegen die dort herrschenden unmenschlichen Zustände berichtet. *Amazon* ist jedoch peinlichst darum bemüht, solche Meldungen unter allen Umständen zu unterdrücken bzw. auf schnellste Weise in der Versenkung verschwinden zu lassen. Die von *Taylor* und *Ford* vor über einhundert Jahren entwickelten Techniken zur Effektivierung menschlicher Arbeit laufen mittels der KI auf ihren bisher unmenschlichsten Höhepunkt zu.*

Denn der Arbeitsrhythmus in diesen Logistikzentren wird einerseits durch die Kundenwünsche vorgegeben, die, wie wir oben bereits gesehen haben, wiederum von dem durch die KI gestalteten Angebot abhängig sind. Andererseits wird die *Quote* der Unternehmensleistung danach bestimmt, was die Unternehmensleitung und die Tech-Mitarbeiter in der Zentrale mittels KI vorprogrammiert haben. Alles, was diesen Unternehmenszielen, also der *Quote* in den einzelnen Logistikzentren widerstrebt, muss unter allen Umständen vermieden, bzw. sofern es die menschliche Arbeit betrifft, unterdrückt werden. Das Ziel dieser Entwicklung und der hinter ihr stehenden Philosophie eines *Jeff Bezos* ist es, zwecks Gewinnmaximierung die Effizienz der Arbeit mittels einer Verschmelzung von Mensch und Maschine immer mehr zu steigern. In den Logistikzentren von *Amazon* zeigen sich die sozialen Folgen der KI-Entwicklung und der Philosophie des Transhumanismus daher wohl am deutlichsten.*

Die elektromagnetische Strahlung und die Fiebererkrankung der Erde

Wir kommen, dieses Kapitel über die KI-Entwicklung abschließend, nun noch zu einem weiteren Aspekt, nämlich dem der elektromagnetischen Strahlung und der mit der drahtlosen Übertragung der riesigen Datenmengen verbundenen Probleme. Wobei wir hier nicht auf das große Thema der *Elektrosensibilität* eingehen werden, weil das in zahlreichen Publikationen bereits nachzulesen ist.** Uns geht es hier vielmehr um den Zusammenhang mit der oben behandelten ökologischen Problematik und dem Klimawandel.

Denn dieser Zusammenhang ist bislang nirgends wirklich untersucht worden, und es liegt die Vermutung nahe, dass das auch bewusst nicht gewollt wird. Worin aber könnte ein *Zusammenhang zwischen den elektromagnetischen Strahlungen und dem Klimawandel*, aber auch dem *Artensterben* in der Natur, bestehen?

Zuvor aber müssen wir erst einmal klären, womit wir es eigentlich zu tun haben, wie verbreitet die Mobilfunkstrahlung überhaupt ist und wofür sie gebraucht wird. In den letzten 15 Jahren hat die Anzahl an mobilen, mit dem Internet verbundenen Geräten weltweit extrem stark zugenommen. Dabei geht es jedoch nicht nur um die Smartphones oder Mobiltelefone, sondern ebenso um tragbare Computer wie Tablets oder Notebooks. Alle diese Datengeräte, mit denen das Internet drahtlos genutzt werden kann, benötigen zum Betrieb entweder ein Mobilfunknetz oder ein lokales WLAN, also die drahtlose Übertragung an einem lokalen Ort.*

Beginnen wir mit der Zahl der Anschlüsse, wobei wir hier nur die Zahlen aus Deutschland zur Verfügung haben, aber das mag als Maßstab für die globale Verbreitung erst einmal genügen.** Allein in Deutschland gab es 2023 185 Millionen Anschlüsse, das heißt mobile Geräte mit einem Vertrag bei einem der drei Anbieter *Telekom, Telefonica* und *Vodafone*. Die Tendenz ist stark steigend, denn noch im Jahr davor waren es 16 Millionen weniger. Weltweit gab es 2023, laut *statista*, 8,62 Milliarden Mobilfunkanschlüsse. Der Anstieg zum Vorjahr betrug hier 0,3 Milliarden.

Diese mobilen Datengeräte wurden in Deutschland 2023 von 88.000 LTE bzw. 4G-Basisstationen oder 50.000 5G-Stationen mit Daten versorgt. Die Netzabdeckung beträgt in Deutschland daher praktisch 100%. Laut der Bundesnetzagentur sind in Deutschland nur noch 0,31% der gesamten Fläche ohne ein Mobilfunknetz. Das dabei übertragene Datenvolumen betrug 2023 9,12 Milliarden Gigabyte. Bei diesen Daten handelt es sich aber nur um die Versorgung der mobilen Datengeräte. Nicht berücksichtigt sind ältere Standards wie 2G und 3G bzw. UMTS, weil diese mittlerweile stark zurückgebaut wurden.

Noch nicht berücksichtigt ist in dieser Betrachtung außerdem die mit der aus dem Weltall mittels zehntausender von Satelliten übertragenen 5G-Strahlung verbundenen Belastung der Atmosphäre. *Elon Musk* hat seit 2021 mit seinem Unternehmen *SpaceX* das sogenannte *Starlink*-System aufgebaut. Sein Ziel ist es, die Erde in wenigen Jahren mit etwa 30.000 5G-Satelliten umgeben zu haben, um das Internet auch in den endlegengsten Wüstengebieten und Gebirgsregionen der Erde verfügbar zu machen.*

Wenn wir das 5G-Netz mit bislang 50.000 Basisstationen betrachten, kommt jedoch die Datenübertragung für das autonome Fahren und für die Übertragung von Daten bei der Industrieproduktion, wo zur Steuerung von Produktionsabläufen ebenfalls 5G genutzt wird, noch hinzu. Diese 5G-Datenübertragung ist wesentlich intensiver als die Datenübertragung zu den mobilen Endgeräten und völlig unabhängig von diesen. Wobei auch die Datenmenge der mobilen Endgeräte, seit es das *Streaming* gibt, d.h. das mobile Konsumieren von Musik und Videos, immer stärker ansteigt.

Um einen Eindruck von der damit verbundenen Strahlenbelastung der Atmosphäre zu bekommen, schauen wir uns die nachfolgenden beiden Grafiken an, die aus dem Jahr 2018 stammen und durch *diagnose: funk* mit deutschen Bezeichnungen ergänzt wurden.

Ohne hier auf die komplexen Details der verschiedenen Frequenzen und deren Einfluss auf die menschliche Gesundheit, aber auch auf die Tier- und Pflanzenwelt und auf die Erdatmosphäre im Detail eingehen zu können, wird anhand dieser Grafik und dem unter der genannten Quelle verfügbaren englischsprachigen Beitrag sehr schnell deutlich**, dass die Strahlenbelastung der Erdatmosphäre gegenüber der natürlichen Hintergrundstrahlung (grün) in dem Bereich der hochfrequenten Strahlung im Laufe des 20. und 21. Jh. (gelb orange, rot) um ein Vielfaches angestiegen ist. Das wird auf der nachfolgenden Grafik in Zahlen ausgedrückt:

Während die natürliche Hintergrundstrahlung bei 0,000,000,000,001 Mikrowatt pro Quadratmeter am Tag liegt, beträgt diese bei den durch die Mobilfunktechnologien abge-

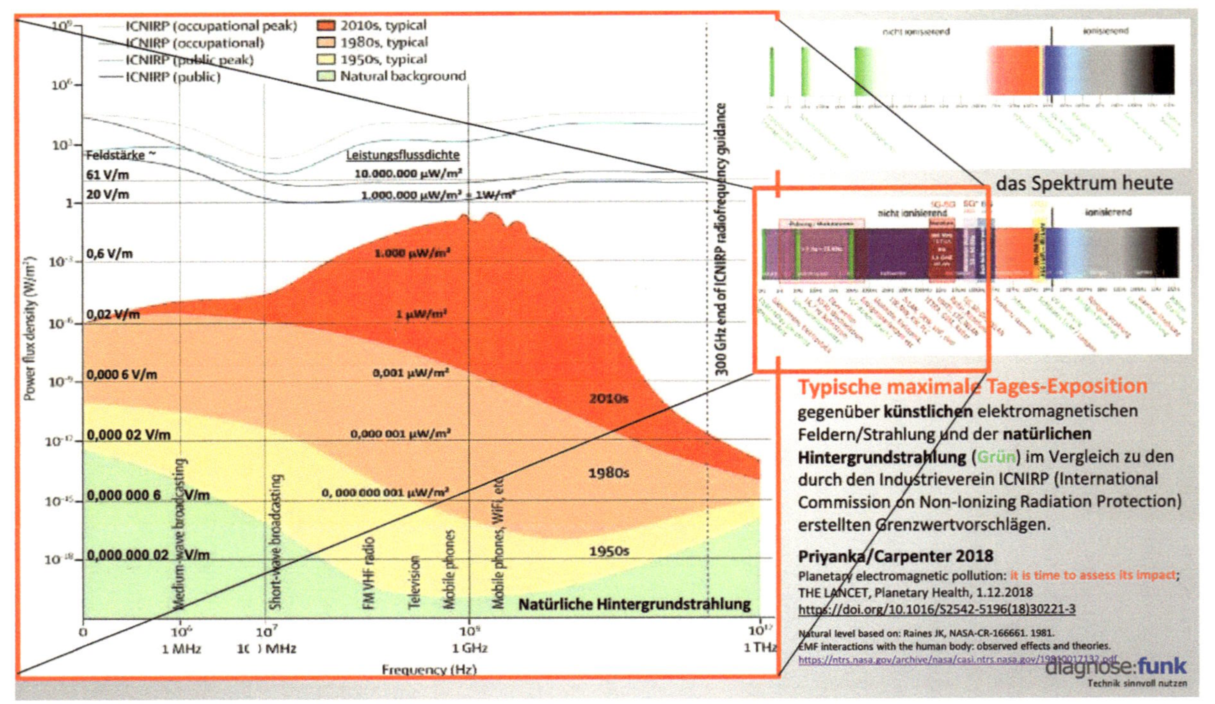

Abb. 1: Quellen: http://t1p.de/bv12 und diagnose: funk

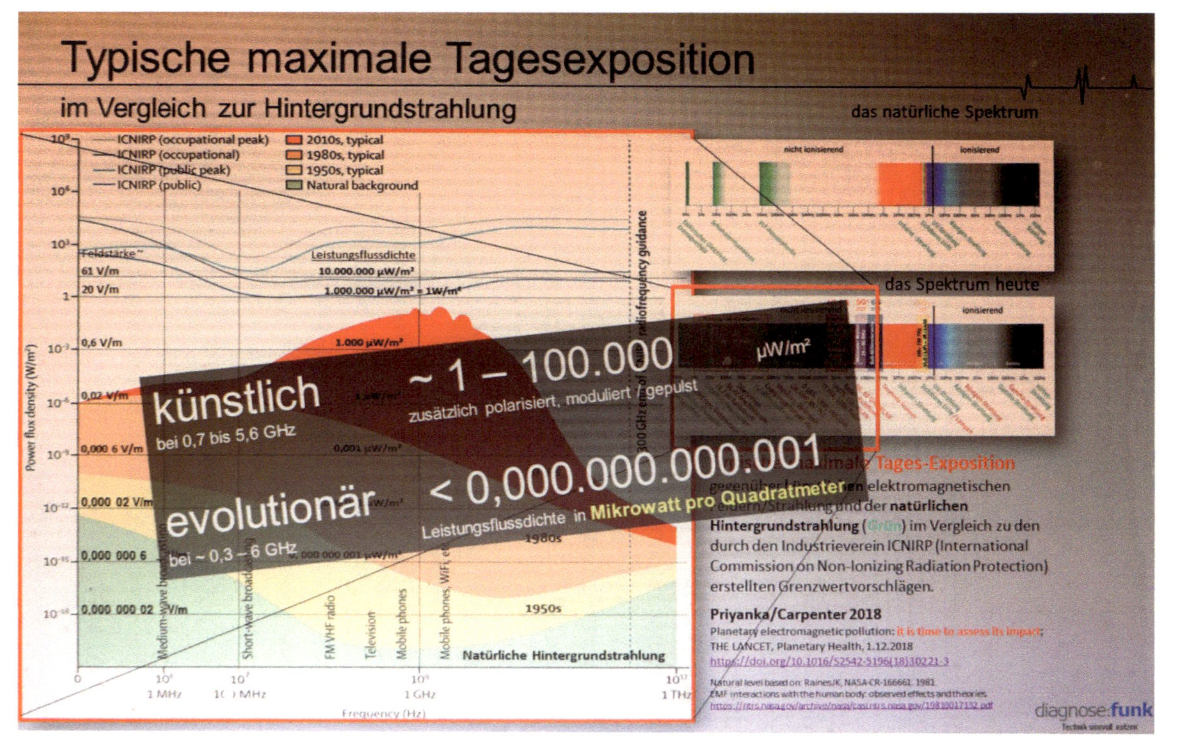

Abb. 2: Quellen: http://t1p.de/bv12 und diagnose: funk

gebenen Strahlungen 1 – 100.000 Mikrowatt pro Quadratmeter am Tag! Damit sind nicht nur Menschen, Tiere und Pflanzen, sondern eben auch die Erdatmosphäre einer schier unvorstellbar höheren Strahlungsbelastung ausgesetzt, als sie von Natur aus vorhandenen wäre. Und diese Belastung der Erdatmosphäre nimmt durch den Ausbau der drahtlosen digitalen Technologien immer weiter zu.

Zahlreiche Studien, die in dem genannten Beitrag zitiert werden, weisen, vor allem seit den 2010-Jahren, die Gesundheit von Menschen, Tieren und Pflanzen schädigende Einflüsse dieser hochfrequenten elektromagnetischen Strahlung deutlich auf. Dies wird aber von der Mobilfunklobby und den Strahlenschutzkommissionen regelmäßig geleugnet wird.

Im Prinzip kann man davon ausgehen, dass sich diese Strahlung auf alles Lebendige schädigend auswirkt, und zwar deshalb, weil diese Strahlen die Lebensvorgänge, die sich in allem Flüssigen und Luftigen, also im Prinzip in allen Zellen, Geweben und Organen abspielen, negativ beeinflussen, wie sich anhand zahlreicher Studien im Hinblick auf menschliche Erkrankungen wie Krebs, aber auch bei den Tieren und Pflanzen, insbesondere aber bei den Bienen nachweisen lässt hat.* Jüngste Abstimmungsergebnisse im Deutschen Bundestag haben aber gezeigt, dass die Politik einhellig davon überzeugt ist, dass der wirtschaftliche Fortschritt im Hinblick auf den weiteren Ausbau der Mobilfunknetze eindeutig den Vorrang vor allen Bedenken bzgl. der Gesundheit von Mensch und Natur hat.**

Aber leider zeigt auch der der oben abgebildeten Grafik zugrunde liegende Artikel, dass der Einfluss anthropogener elektro-magnetischer Strahlungen auf die Erdatmosphäre und das natürliche Magnetfeld der Erde, durch das auch un-

ser Klima beeinflusst wird, bisher nicht genauer untersucht
worden ist. Wenn aber der sogenannte *Elektro-Smog* einen
schädigenden Einfluss auf die aus Flüssigem und Luftigem
bestehenden menschlichen, tierischen und pflanzlichen Zellen, Geweben und Organen hat, dann muss er logischerweise
auch einen schädigenden Einfluss auf die ja ebenfalls aus
Flüssigem und Luftigem bestehende Erdatmosphäre haben.
Zumal die Erdatmosphäre ja auch unter dem Einfluss des
Magnetfeldes der Erde steht, welches, wie man annehmen
sollte, durch den Elektrosmog ebenfalls negativ beeinflusst
wird. Aufgrund der Komplexität dieser Zusammenhänge,
aber auch aufgrund der stark dagegen wirkenden Lobbyarbeit
der Digitalindustrie wurden diese Einflüsse von der Wissenschaft bislang jedoch nicht wirklich nachgewiesen.*

Wir versuchen nachfolgend hypothetisch zu zeigen, in welch
negativer Weise der *Elektro-Smog* die Erdatmosphäre beeinflussen könnte, indem wir den Erdorganismus als Lebewesen,
so wie wir ihn oben bereits beschrieben haben, mit dem
menschlichen Organismus vergleichen.**

Die anthroposophische Menschenkunde unterscheidet im
menschlichen Organismus drei Systeme: das Nerven-Sinnes-
System, das rhythmische System und das Stoffwechsel-Glied-
maßen-System. Dabei bilden das obere und das untere System eine Polarität, die durch das mittlere System im gesunden
Zustand im Gleichgewicht gehalten wird. Bei einer viralen
Atemwegserkrankung, wie sie seit 2019 auch die Corona-Erkrankung darstellte, rutscht nun der Nerven-Sinnes-Prozess
zu tief in die Atmungsorgane des mittleren Systems hinunter.
Dadurch bekommt das Atmungssystem den Charakter eines
Sinnesorgans, während das Nerven-Sinnes-System seinen
Charakter teilweise verliert. Das zeigen die Symptome sehr
deutlich: Im Kopf verlieren wir durch eine Erkältung und

Verschnupfung Teile unserer Sinneswahrnehmung und können nichts mehr riechen oder schmecken. Im Atmungssystem sind wir dagegen gereizt und müssen husten.

Gleichzeitig stellen die Nerven-Sinnesprozesse, wenn man sie unter dem Wärmeaspekt betrachtet, den erhärtenden Kältepol im menschlichen Organismus dar, während die Stoffwechsel-Prozesse, den auflösenden und erwärmenden Pol darstellen. Das erhärtende, erkältende Prinzip des Kopfes dringt nun bei einer Atemwegserkrankung zu tief in den mittleren Bereich der Atemwege ein. Dadurch kommt es eben zu einer *Erkältung*. Der polare Pol des Stoffwechsel-Systems reagiert nun auf diese Erkältung einfach dadurch, dass er seine Wärme erhöht, wodurch es eben zum *Fieber* kommt. *Das Fieber ist also die natürliche Reaktion des menschlichen Organismus auf eine Erkältung.* Und durch das Fieber wird nun der zu tief in das Atmungssystem gerutschte Sinnes-Nerven-Prozess wieder in seine natürliche Lage zurückgeschoben.

Diese Vorgänge im menschlichen Organismus können wir nachfolgend nun auch auf den Erdorganismus übertragen. Da haben wir es auch mit einem dreigliedrigen System zu tun: Das Nerven-Sinnes-System der Erde besteht aus der im Buchtitel genannten *Intelligenz des Planeten*. Diese umfasst die in den Naturreichen waltende natürliche Intelligenz, die wir seit *Alexander von Humboldt* unter dem Begriff der Ökosysteme zusammenfassen können. Sie umfasst aber seit Beginn der Zivilisationsentwicklung auch die Intelligenz der Menschheit und seit Beginn des digitalen Zeitalters eben auch die Künstliche Intelligenz der Maschinen.

Dann haben wir als mittleres System die gesamte Erdatmosphäre, also den Bereich des Luftigen und Wässrigen, wozu auch die Flüsse und Ozeane der Erde gehören. Dieser Bereich entspricht dem Atmungs- und Kreislaufsystem des Menschen. Und wir haben als drittes, dem Stoffwechselorganismus des Menschen entsprechend, die eigentliche mineralisch-geologische Erde, zu der auch das Magnetfeld der Erde mit seinem *Geodynamo* gehört.*

Nun kann man den Vergleich mit einer Erkältungskrankheit beim Menschen in folgender Weise ziehen: Das Nerven-Sinnessystem der Erde wirkt durch die Mobilfunktechnologien und dem mit ihnen verbundenen *Elektrosmog* zu tief in das Atmungs- und Kreislaufsystem der Erde, sprich, in die Erdatmosphäre hinein. Und der Stoffwechsel-Pol, also die eigentliche Erde, möglicherweise auch ihr Magnetfeld, reagieren darauf wie der menschliche Organismus mit einer *Temperaturerhöhung*! Die Erde wäre dadurch gewissermaßen in einem Fieberzustand. Da wir es beim Klimawandel nun aber mit einer *Temperaturerhöhung* zu tun haben, liegt es aufgrund dieser Analogie sehr nahe, dass dieser die Folge einer durch die digitalen Technologien erzeugten *Erkältung* ist.**

Denn unser Klima reagiert durch dieses zu tiefe Eindringen des Nerven-Sinnespols der Erde, also die mit Künstlicher Intelligenz erfüllte elektro-magnetische Strahlung, gewissermaßen so gereizt, wie der menschliche Organismus mit einem Husten oder einer Lungenentzündung. Während der Nerven-Sinnespol der Natur, also die in ihr waltende ökologische Intelligenz mehr und mehr verloren geht, so wie beim menschlichen Organismus im Zuge einer Erkältung der Geruchs- und Geschmackssinn verloren gehen.

Die digitalen Technologien stellen aber auch ihrer äußeren Charakteristik nach etwa *Erkältendes* dar. Denn sie schaffen Distanz zwischen den Menschen und isolieren sie voneinander. Weshalb sie ja in der Corona-Krise, in der es vor allem um das Distanzieren ging, massiv zum Einsatz kamen. Eine Tendenz, die sich seit der Corona-Zeit auch weiterhin fortsetzt.

Wenn man diesen hier als Analogie gebrauchten Zusammenhang einmal verstanden hat, dann erscheint das CO_2 als der allein für den Klimawandel verantwortlich gemachte Faktor wie eine Art von Synonym, hinter dem sich noch eine ganz andere Wahrheit zu verbergen scheint. Wer aber sagt denn, dass dieser Faktor der einzige für die Klimaerwärmung und die Chaotisierung der Jahreszeiten verantwortliche Faktor ist?

Im Hinblick auf den Klimawandel und die Erdatmosphäre könnte man im Hinblick auf unsere hier dargestellte Analogie auf alle Fälle davon sprechen, dass der CO_2-Ausstoß eben die Folge eines zu stark wirkenden Nerven-Sinnes-Systems der Erde, sprich der menschlichen Intelligenz und der durch sie entstandenen Technologien ist. Zu diesen aber gehören neben den ursprünglichen Verbrennungstechnologien heute vor allem die digitalen Technologien einschließlich der Künstlichen Intelligenz und ihrer Verbreitung mittels drahtloser Übertragung durch elektromagnetische Strahlung. Dass diese Maschinenintelligenz auch den CO_2-Ausstoß durch den massiven Raubbau an Rohstoffen und extrem erhöhten Energiebedarf zusätzlich in massiver Weise erhöht, haben wir oben ja bereits gesehen.

Am Ende dieses Kapitels stellt sich aber nun die Frage, wie denn eine Gesundung des Planeten durch einen anderen Umgang mit der menschlichen Intelligenz, die sich im Sinne einer *Erkältung* bisher nur in einer extrem einseitigen Weise entwickelt hat, aussehen könnte. Dieser Frage nach einem wieder zu gewinnenden Gleichgewicht zwischen den Nerven-Sinnes-Prozessen und dem übrigen Organismus, sowohl im einzelnen Menschen wie vor allem auch auf unserem Planten wollen wir im folgenden Kapitel weiter nachgehen.

5.
Die Verwandlung von negativer Kritik in den „Pfad der Verehrung"

Bevor wir nun auf die oben gestellte Frage nach der Wiederherstellung des Gleichgewichtes zwischen den zu stark wirksamen Sinnes-Nerven-Prozessen und den rhythmischen Prozessen des mittleren Systems, der Atmung und dem Kreislauf, sowohl im einzelnen Menschen wie auch im gesamten Organismus des Planeten näher eingehen, wollen wir noch auf zwei prinzipielle Gesichtspunkte eingehen.

Zum einen sei hier nochmals gesagt, dass es nicht um eine prinzipielle Ablehnung sämtlicher Technologien im Sinne eines *Zurück zur Natur!* gehen kann. Der technologische Fortschritt, insbesondere aber die digitalen Technologien lassen sich nicht einfach wieder abschaffen, und wir können und wollen auch auf viele Vorzüge, die diese Technologien dem Menschen zweifelsohne bieten, nicht mehr verzichten. Es geht vielmehr darum, die dieser Entwicklung zugrunde liegende naturwissenschaftlich-materialistische Intelligenz so zu erweitern, dass sich dadurch eine neue Form der Intelligenz, die mehr mit dem Herzen als mit dem Kopf verbunden ist, entwickeln kann.* Diese Entwicklung würde das gesamte Verhältnis des Menschen zur Natur grundlegend verändern, weil sich dadurch seine Haltung der Getrenntheit der Natur gegenüber in ein sich mit ihr Verbundenfühlen verwandeln würde.

Der zweite Gesichtspunkt ist der folgende: Wenn in der Klimaschutzbewegung ständig von einer *Energiewende* gesprochen wird, so ist damit ja nicht eine prinzipielle Wende gemeint, sondern es geht nach wie vor darum, möglichst viel elektrische Energie zu erzeugen und zu verbrauchen. In jedem Falle wird dadurch das grundsätzliche Verhältnis des Menschen zur Natur, nämlich das Verbrauchen und Zerstören von natürlichen Stoffen und Kräften zugunsten des Menschen und auf Kosten der Natur weiterhin bestehen bleiben. Denn auch die nachhaltigsten Formen der Erzeugung von elektrischer Energie ändern nichts daran, dass irgendwo aus der Natur die dazu notwendigen Kräfte, ob nun aus Wasser-, Luft- oder Sonnenkräften, herkommen müssen. Und da, wo der Mensch etwas wegnimmt, um es in Form von elektrischer Energie zu verbrauchen, muss dafür irgendwo in der Natur etwas hergegeben werden. Solange der Mensch der Natur nicht von sich aus etwas Energie Spendendes zurückgeben kann, solange führt das Ganze auch weiterhin nur zu einer negativen Bilanz!

In ein Bild gebracht könnte man es auch so ausdrücken: Wenn ich eine gewisse Anzahl von Getreidekörnern dazu verwende, um daraus ein Brot zu backen, und es dann aufesse, dann sind die Getreidekörner vernichtet und können nicht mehr auf einem Feld ausgesät werden, um neues Getreide hervorzubringen. Sprich, wenn ich neues Getreide wachsen lassen will, dann muss ich eine gewisse Anzahl von Getreidekörnern aufbewahren und eben nicht verzehren. Erst dadurch kann neues Getreide entstehen. Und um dieses *Aufbewahren* und *Erzeugen* von *neuen Kräften* bzw. *Energien* geht es sowohl im einzelnen Menschen wie auch global gesehen auf unserem Planeten. Erst dadurch, dass der Mensch der Natur nicht mehr einzig und allein als Verbraucher und Zerstörer gegenübersteht, sondern er sich als eigenständiger Bestandteil der Natur begreift, um ihr auch etwas zurückzugeben, wird sich unser Planet unter Mithilfe des Menschen weiter entwickeln können. Dann würde sich der Mensch tatsächlich als der *Intelligenz des Planeten* würdig erweisen.*

Wie aber sollte eine solche, reale *Energiewende* denn aussehen?

Wir beschreiben in diesem und im nächsten Kapitel zunächst einen individuellen Zugang, der im Wesentlichen aus zwei meditativen Übungen besteht, die Rudolf Steiner bereits zu Beginn des 20. Jahrhunderts eingehend beschrieben hat, weil er die in diesem Buch dargestellte Entwicklungskrise der Menschheit und des Planeten vorher gesehen hat, wie sich an mehreren Stellen seines Werkes heute eindeutig nachweisen lässt.** Diese meditativen Übungen können für jeden Menschen, der sie regelmäßig durchführt, eine fundamentale Blickwendung bewirken, die sich dann tatsächlich als eine *Energiewende* bezeichnen lässt.

Im letzten Kapitel beschreiben wir dann eine heute noch im Entwicklungsstadium befindliche neue Art von Technologie, deren Hauptziel und Zweck nicht mehr das *Nehmen* und *Verbrauchen* von physischen Energien und Rohstoffen ist, sondern das *Geben* und *Spenden* von Lebenskräften, also ätherischen Energien und Rohstoffen. Die zum Betrieb dieser Technologie aber notwendige Energie besteht aus der vom Menschen selbst zu entwickelnden *Moralität*. Sie bringt diese neuartige Technologie in Gang und veranlasst sie zum Geben und Spenden ätherischer Kräfte und Substanzen.

Diese Technologie lässt sich daher auch als *Moralische Technologie* bezeichnen. Sie stellt das für die Weiterentwicklung von Mensch und Erde notwendige Gegengewicht zur *Künstlichen Intelligenz* dar. Denn durch die dazu erforderliche Entwicklung der menschlichen Moralität entwickelt der Mensch seine *eigene Intelligenz* in moralischer Hinsicht tatsächlich weiter und bringt diese damit wieder in einen *Zusammenhang mit der Intel-*

ligenz des Planeten. Für eine solche Entwicklung aber bilden die zwei nachfolgend beschriebenen Übungen eine der wesentlichen Voraussetzungen. Sie müssen dann durch noch weitere Übungen ergänzt werden.

Die menschliche Fähigkeit zur Kritik als Voraussetzung des technologischen Fortschritts

Wenn wir auf die wesentlichen Grundlagen der modernen Naturwissenschaften und dem aus ihnen resultierenden technologischen und kulturellen Fortschritt blicken, dann können wir sehr leicht sehen, dass diesem Fortschritt eine dem Menschen eingeborene Fähigkeit zugrunde liegt, nämlich die Fähigkeit zur *Kritik.* Ohne diese Fähigkeit würden die Menschen heute noch in Höhlen leben und sich von wilden Beeren und anderen wild wachsenden Früchten ernähren. Das Bedürfnis, die eigenen Lebensumstände zu verbessern und das Leben angenehmer zu gestalten, entsteht aber nur dann, wenn der Mensch die herrschenden Zustände nicht mehr erträgt, indem er sie anfängt zu hinterfragen und somit einer Kritik zu unterziehen.

Durch diesen kritischen Blick aber wurden in der Frühgeschichte der Menschheit die ersten Kulturtechniken wie das Bauen von eigenen Behausungen, das Züchten und der Anbau von Getreide und die Zähmung von wilden Tieren zu Haustieren, entwickelt. Und so beruhte auch aller weitere Fortschritt bis in das naturwissenschaftliche Zeitalter hinein auf dieser Fähigkeit. Sie ist im Übrigen schon bei kleinen Kindern zu beobachten und scheint dem Menschen mithin tatsächlich angeboren zu sein.

Die kritische Fähigkeit ist auch die Voraussetzung jeglicher modernen technologischen Entwicklung, denn die dabei entwickelten Maschinen können natürlich nur funktionieren, wenn sie von einem kritischen Blick überprüft und für funktionstüchtig befunden werden. Andernfalls werden sie bestenfalls ein paar Tage laufen, um dann ihren Geist aufzugeben. Kritik ist also prinzipiell nichts Negatives, im Gegenteil, sie bildet die Grundlage jeglichen materiellen Fortschritts. Aber: Was wir dadurch an *materiellem Wohlbefinden und Wohlstand gewonnen* haben, das haben wir mit einem *Verlust an spirituellem Leben bezahlt!*

Denn die rein auf das Materielle gerichteten Naturwissenschaften haben, wie wir oben gesehen haben, den Menschen immer mehr von seinem ursprünglichen Zusammenhang mit der Natur entfernt und ihn letztlich zum Zerstörer derselben werden lassen. Der Mensch hat seine Beziehung zur *Intelligenz des Planeten* eben immer weiter verloren und diese Intelligenz zu seiner eigenen Intelligenz erklärt. Ein spirituelles Verständnis für die *Intelligenz des Planeten* ist aber bislang auch in der ökologischen Bewegung nur an ganz wenigen Punkten vorhanden.*

Wodurch also kann hier eine Wende herbeigeführt werden? Die erste Übung beginnt einfach damit, dass man sich zunächst einmal bewusst macht, wie viel an kritischen, negativabwertenden und richtenden Urteilen man täglich in sich trägt.

Wenn man diesen ersten Teil der Übung tatsächlich praktiziert, wird man erstaunt sein, wie viele solcher Gedanken man tatsächlich in sich bewegt, ohne sich dessen wirklich bewusst zu sein. Und dabei wird nur der geringste Teil dieser Gedanken auch ausgesprochen. Der größte Teil wird einfach nur still im Kopf bewegt: „Warum muss denn der Nachbar schon wieder so unmöglich parken, dass ich nicht richtig aus der Garage fahren kann?" Oder: „Warum kommt die S-Bahn heute schon wieder zu spät, und warum muss sie immer so voll besetzt sein? Können die nicht mehr Wagons anhängen, damit jeder einen Platz finden kann?" Oder: „Oh, je, wie sieht die denn heute wieder aus? Das ist ja unmöglich, was sie da an hat, das passt doch gar nicht zusammen!" – usw. Unzählige solcher negativ-abwertenden Gedanken wird man bei ehrlicher Selbstbetrachtung in sich entdecken.

Dabei soll es aber zunächst einmal bleiben. Es geht nicht darum, sich selbst nun lauter Vorwürfe zu machen, was für ein schlechter Mensch man doch sei. Nein, es geht nur darum, sich einfach der Tatsache bewusst zu werden, dass unser Denken eben ein kritisches ist, das zu solchen negativen Gedanken führen kann. Und man wird auch feststellen, dass diese Gedanken keinerlei Willen enthalten, denn sie tauchen ganz ungewollt und von alleine auf. Wir müssen uns in keiner Weise dazu anstrengen oder gar zwingen, wenn wir solche Gedanken in uns bewegen.

Es geht hier nicht darum, das kritische Denken prinzipiell in Frage zu stellen. Wie auch? Es dient dem Menschen ja in vielen Situationen, in denen es ihm hilfreich ist, nicht nur des materiellen Fortschritts wegen, sondern auch, um zum Beispiel einem Schüler oder einem Mitarbeitenden zu helfen, seine Fehler zu vermeiden. Positive Kritik wirkt im Allgemeinen ja durchaus förderlich. Bei der Übung geht es jedoch um jegliche Form von negativ abwertender und richtender Kritik.

Die Entwicklung von Ehrfurcht
Welt und Leben gegenüber

Nun aber kommt der zweite Teil der Übung, und der geht eben nicht von alleine: Man setze an die Stelle der kritischen, negativ abwertenden und richtenden Gedanken positive Gedanken und Gefühle der Bewunderung, der Achtung und der Verehrung!

Dabei wird man sogleich bemerken, dass das gar nicht so einfach ist. Zumal, wenn es gegenüber jenem Nachbarn, dessen Parkmanöver man so kritisch betrachtet hat, geschehen soll. Denn vielleicht kennt man den ja in Wirklichkeit gar nicht und weiß viel zu wenig über ihn. Deshalb sagt Rudolf Steiner an dieser Stelle auch, dass es primär nicht darum gehe, die Verehrung gegenüber einem Menschen zu üben. Denn das könne leicht auch zu einer Art von blinder Unterwürfigkeit führen.

Dennoch kann man versuchen, sich in die Vorzüge eines Menschen zu vertiefen, den man ansonsten immer nur kritisch und auf seine Fehler hin betrachtet hat. Das aber geht natürlich nur, wenn man diesen Menschen wirklich kennt. Wie sonst sollte man seine positiven Seiten entdecken können? Daher ist es sinnvoll, diese Übung nur mit einem Menschen zu machen, den man tatsächlich einigermaßen gut kennt! *Karl Lauterbach,* an dem sicherlich viele Menschen etwas zu kritisieren haben, wird sich für diese Übung deshalb nicht eignen, weil ihn die meisten persönlich gar nicht kennen.

Wenn ich aber beginne, mir bekannte Menschen, an denen ich in Gedanken immer irgendetwas zu kritisieren finde, einmal in einem neuen Licht auf ihre Vorzüge hin zu betrachten, dann werde ich plötzlich ganz still in meinem Innern und habe dann einen Gedanken oder sogar ein Gefühl der Achtung, ja vielleicht sogar der Bewunderung in mir: „Ja, diese Frau, die sich immer so unmöglich anzieht, die geht ja ganz liebevoll mit ihren Kindern um, das habe ich bisher ja völlig übersehen!" „Und in der Zeit, wo diese S-Bahnzüge immer zu spät kommen, ja da kann ich mir meine Mitmenschen einmal genauer ansehen und versuchen, ihre positiven Seiten zu entdecken!" *Bewunderung und Verehrung gegenüber Welt und Leben* nennt Rudolf Steiner diese Fähigkeit, die wir uns aber erst anerziehen müssen, weil sie eben nicht wie die Kritik einfach von alleine entsteht. Und er bezeichnet sie auch als die Grundhaltung der *Positivität.**

Das klassische Beispiel für diese Haltung erzählt eine persische Legende, in der der Christus mit seinen Jüngern an einem bereits verwesenden Hundekadaver vorbei geht. Die Jünger wenden sich angewidert von dem stinkenden Hundeleichnam ab, während der Christus stehen bleibt und zu ihnen sagt: „Schaut doch mal, was für ein wundervolles Gebiss dieses Tier hat!"

Nun genügt es natürlich nicht, diese Übung einmal zu machen – die Haltung der Positivität, die Gefühle der Achtung und der Verehrung gilt es zu kultivieren und sich als eine Grundhaltung für das ganze Leben anzuerziehen. Erst dann können, wie Rudolf Steiner sich an dieser Stelle ausdrückt, die Positivität und die achtungsvoll verehrenden Gedanken und Gefühlen zu einer Art *inneren Sonne* werden, in deren Licht wir nun alle Erscheinungen dieser Welt völlig neu und von ihrer geistigen Seite her kennen lernen.**

Die Welt erscheint uns plötzlich wie in einem bisher unbekannten, neuen Licht, und das ganze Seelenleben erhält dadurch einen neuen Mittelpunkt. Wie die Sonne alles Lebendige belebt, so beleben die Positivität und eine verehrungsvolle Haltung die Seele jedes Menschen, der diese Übung tatsächlich kultiviert und sich zu eigen macht.

Dadurch kann nun tatsächlich eine innere *Energiewende* herbeigeführt werden. Denn anstelle der richtenden negativen Urteile, die immer auch eine abbauende und letztlich nur Kraft kostende Wirkung auf uns selber und auf andere haben, treten nun diese positiven, verehrungsvollen Gedanken und Gefühle, die dann nicht nur auf uns selbst eine aufbauende und stärkende Wirkung ausüben, sondern auch auf alles, was wir in diesem Licht liebevoll betrachten.

Wer hätte es nicht schon bemerkt, dass ein Kind, das in der Schule ständig Probleme verursacht, und über das alle Lehrerinnen und Lehrer sich ständig aufregen und schimpfen, sich plötzlich viel friedlicher verhält, wenn man ihm in einer *Kinderbesprechung* einmal die positive Aufmerksamkeit schenkt und sich auf seine positiven Seiten besinnt. Eine solche Menschenbetrachtung kann, wenn sie in richtiger Weise durchgeführt wird, wahre Wunder bewirken!*

In derselben Weise können sich die Positivität und die Entwicklung der Ehrfurcht Welt und Leben gegenüber auswirken. Denn die Dinge beginnen dadurch tatsächlich, sich in einem neuen Licht zu zeigen, wie wenn sie plötzlich nicht mehr im Schatten oder im Dunkeln, sondern im Licht der Sonne erscheinen würden. Statt dass wir uns durch die negativen Urteile ständig von der Welt distanzieren, verbinden wir uns in dieser Weise liebevoll mit ihr.

Damit gehen wir nun zu einer zweiten Übung über, die uns auf andere Weise noch tiefer mit der Welt verbinden kann.

6.

Die Natur als Subjekt und die Erde als Lebewesen – das ökologische Gewissen

Unser Verhältnis zur Natur ist durch unzählige Sinneseindrücke geprägt. Im Zeitalter der Smartphones sind es viele Menschen gewohnt, von allem, was sie wahrnehmen und irgendwie bedeutungsvoll finden, auch noch ein Foto zu machen. Unzählige von Bildern werden auf diese Weise digital gespeichert (und der KI verfügbar gemacht). Doch was machen die Menschen mit allen diesen Bildern? Werden sie jemals wirklich verarbeitet oder vertieft? Nein! Diese Art der Verarbeitung von Sinneseindrücken bleibt völlig an der Oberfläche, ja die meisten Eindrücke werden sofort wieder vergessen, weil man sie ja digital abgespeichert hat.

Auch ohne Handyfotos bleiben die meisten Sinneseindrücke unverarbeitet und oberflächlich, weil es natürlich auch unzählig viele Eindrücke gibt, die man gar nicht alle verarbeiten kann, oder jedenfalls nur die wenigsten. Was kann man aber gegen diese Oberflächlichkeit und gegen diese Flut von Eindrücken unternehmen? Sind wir in der digitalisierten Welt dazu verdammt, in einer Flut von Sinneseindrücken zu ertrinken?

An dieser Stelle setzt nun die nachfolgende Übung an. Dabei geht es darum, sich in einen bestimmten Eindruck, den man besonders schön gefunden hat, meditativ zu vertiefen. Man stelle sich den Eindruck noch einmal möglichst genau vor die Seele und lasse ihn in aller Stille innerlich nachklingen. Dabei möge man sich fragen: „Was sagt mir dieser Sinneseindruck – wie spricht er zu mir – spricht sich in ihm etwas Besonders aus?"

Dazu ein Beispiel: In einem herbstlichen Wald fallen einem die farbigen Blätter eines noch jungen Baumes besonders deutlich und intensiv ins Auge. Man bewundert die leichte Anmut, die sich in den farbigen Blättern dieses Baumes ausspricht. Zu Hause vertieft man sich nun in diesen Eindruck und lässt ihn innerlich nachklingen. Bei der Frage, was sich in diesem Eindruck denn ausspricht, taucht nun plötzlich folgender Gedanke auf: Im Sommer, waren alle diese Blätter noch grün, dadurch aber unauffällig. Nun beginnen sie sich zu färben, um dann anschließend abzufallen. Im Sommer schläft ja die Natur, während sie in vollem Leben steht, so wie wir des Nachts schlafen, während sich unserer Leben erneuert. Im Winter wacht die Natur, dann aber ist das Leben zurück getreten, so wie es bei uns im Wachzustand auch immer zurückgedrängt wird, damit wir unser Wachbewusstsein entwickeln können. Im Herbst aber, also zwischen dem Schlaf- und Wachzustand der Natur, da beginnen die Bäume zu träumen, bevor sie aufwachen – und die farbigen Blätter, das sind die Aufwachträume der Bäume! Mit ihren Träumen sprechen uns die Bäume an und wollen uns zeigen, wie schön sie sind.

In dieser Weise kann man nun viele Sinneseindrücke vertiefen und, wenn es einem gelingt, poetisieren. Goethe hat es ein *sinnlich-sittliches* Erleben der Natur genannt.* Dadurch kommt ihr tieferer Gehalt, das *Göttliche* der Natur in unserem Bewusstsein zum Ausdruck. Der Betrachter verbindet sich dadurch in viel innigerer Weise mit der Natur, und kann seine Getrenntheit von ihr ein Stück weit überwinden. Solche Erlebnisse lassen sich natürlich auch in künstlerischer Weise vertiefen. Dazu braucht man keinerlei künstlerische Ausbildung, und es genügen einfachste farbliche Mittel.**

Denn es geht bei dieser Vertiefung der Eindrücke nicht um ein innerliches Abbilden, sondern um das Nachbild, den

Nachklang. Hat man sich also in einen Eindruck vertieft, dann lösche man das dabei entstandene Bild zunächst einmal aus, um zu sehen, bzw. zu hören, welche Art von Nachbild bzw. Nachklang sich dann einstellt. Diesen nachklingenden Eindruck, der nicht räumlich, sondern entweder inspirativ-gedanklich oder imaginativ-flächig erscheint, kann man dann versuchen farbig auf das Papier zu bringen. Es genügt aber natürlich auch, sich diesen Nachklang bzw. dieses Nachbild einfach in ein kleines, eigens dazu angeschafftes Notizbuch einzutragen.

Die Subjekthaftigkeit der Natur

Neben der Vertiefung stellt sich bei dieser Art der meditativen Naturbetrachtung, und das gilt jetzt hauptsächlich für die Tierwelt, noch ein anderer Eindruck ein: Die Tiere erscheinen einem bei intensiverer Beobachtung und im meditativen Nachklang nicht mehr als *Beobachtungsobjekte,* sondern als *Subjekte!* So kann zum Beispiel folgende Beobachtung gemacht werden: Man hat eine Zeit lang, vielleicht auf einem täglichen Spaziergang, einen Turmfalken beobachtet. Erst kurz zuvor hatte man an einem anderen Ort einen solchen Turmfalken überhaupt zum ersten Mal bewusst wahrgenommen und war nun erfreut, einen solchen nun auch daheim auf seinem täglichen Spaziergang zu entdecken. Nun beginnt man quasi, sich mit diesem Tier anzufreunden, es still zu beobachten und natürlich zu bemerken, wie scheu diese wilden Tiere tatsächlich sind.

Denn sobald man ihnen zu nahe kommt, ergreifen sie die Flucht und fliegen davon. Dann versucht man im Laufe der Zeit, sich diesem Falken immer mehr anzunähern, wobei man bemerken wird, dass es auf jeden Fall eine rote Linie gibt, die man nicht überschreiten darf, ohne dass der Falke eben wegfliegt. Und nach einiger Zeit stellt sich dann der folgende Eindruck ein: „Du darfst mir nicht zu nahe kommen, aber Du darfst mich bewundern!" Und darauf kommt es an: auf ein stilles Staunen über die Anmut und die Schönheit dieses Tieres mit seinem braun-grauen Gefieder, das sich bei Männchen und Weibchen etwas unterscheidet. Auch den anmutigen und schnellen Flug kann man natürlich bewundern und vieles andere mehr.

Dem Verfasser ging es nach einiger Zeit der stillen Beobachtung folgendermaßen: Nach der ersten Begegnung mit einem Turmfalken im Sommer in den Karawanken war es zunächst eine Überraschung, einen solchen auch bei sich zu Hause entdecken zu können. Das war im Herbst. Als dann der Winter kam, war der Falke – eigentlich war es ein Falkenpärchen, das auf einem benachbarten Bauernhof genistet hatte – verschwunden. Wie schade! Und wie schön wäre es, wenn doch auch vor dem eigenen Balkon mehr solcher Falken zu sehen sein würden.

Und tatsächlich! Am Osterfest des darauf folgenden Jahres hörte man plötzlich den hellen kurzen Schrei eines Falken, ja mehrerer Falken in einiger Entfernung gegenüber dem eigenen Balkon. Da waren es gleich zwei Paare, die den ganzen Vormittag miteinander zu balzen schienen und sich offensichtlich ganz in der Nähe eingenistet hatten. Und nicht nur das. Ab und zu blieb einer von ihnen entweder auf dem gegenüberliegenden Dachfirst oder sogar auf einem Baum direkt neben dem eigenen Fenster sitzen und ließ sich beobachten. So als wolle das Tier einem und seinen Artgenossen sagen: „Hier wohnt jemand, der unsere Art beachtet und gerne wahrnimmt. Lasst euch doch auch von ihm wahrnehmen!"

Ja, darum scheint es den Tieren wie auch uns Menschen zu gehen: Wir alle wollen als *Subjekt* beachtet und liebevoll wahrgenommen werden! Wer von uns möchte das nicht! Sobald die Tiere spüren, dass jemand sie als Subjekt betrachtet und achtet, beginnen sie ihr Verhalten dem Beobachter gegenüber zu verändern und sich ihm deutlich wahrnehmbarer zu zeigen. Das heißt aber: Die Natur ist dann kein Objekt mehr, sondern sie ist zum Subjekt geworden, und sie reagiert auf unser Verhalten ihr gegenüber.

Wobei es bei den wild lebenden Tieren so zu sein scheint, dass auf diese Art der Zuwendung weniger das einzelne Individuum reagiert als vielmehr die jeweilige Gattung! Denn die vor dem eigenen Balkon auftauchenden Falkenpärchen waren nicht dieselben, die der Verfasser im Herbst zuvor wahrgenommen hatte! Ähnliche Erlebnisse wurden dem Verfasser auch von einem Freund berichtet, der sich mit einer Misteldrossel in einem Garten in der Nähe von Kassel angefreundet hatte. Er beobachtete dann später bei sich zu Hause in Basel, dass sich andere Misteldrosseln ihm gegenüber plötzlich auch anders und irgendwie vertrauter verhielten, so als wollten sie sagen: „Schaut, da ist ein Mensch, der unsereins schön findet und liebevoll wahrnimmt!"

Die Sprache der Tiere verstehen lernen

Das aber bedeutet im Grunde genommen, dass man als Beobachter anfängt die Sprache der Tiere zu verstehen. Und bei genauerer Beobachtung wird es dem einen oder anderen vielleicht auffallen, dass er oder sie schon ähnliche Tierbegegnungen, zum Beispiel mit bestimmten Vögeln, gemacht hat, bei denen man den Eindruck hatte, dass der betreffende Vogel einem etwas mitteilen möchte.

Ein sehr gutes Beispiel für ein solches Verstehen der Sprache der Tiere kann man bei *Selma Lagerlöf* vor über 100 Jahren in ihrem berühmten Kinderbuch *Die wunderbare Reise des Nils Holgersson* nachlesen.* Denn sie schildert da zunächst einen pubertierenden Jungen, der sich den Tieren auf dem Hof der Eltern im südlichen Schweden gegenüber äußerst rüpelhaft und rücksichtslos verhält. Daher wird er eines Tages von einem Troll in einen Zwerg verwandelt, kleiner als die Gänse auf dem Hof. Und siehe da, mit einem Male kann er die Sprache der Gänse und der Kühe, die er zuvor missachtet hatte, verstehen. Nach und nach sieht er ein, wie dumm es von ihm war, diese aufopferungsvollen Tiere misshandelt zu haben und beginnt mit einer der Gänse Freundschaft zu schließen.

Als dann eine Schar von Wildgänsen auf dem elterlichen Gehöft auf ihrem Zug nach Nordschweden Rast macht, darf die mit Nils befreundete Gans mit den Wildgänsen mitfliegen und nimmt den kleinen Nils mit auf ihre Reise. Dabei erleben sie nun gemeinsam verschiedene Abenteuer, die aber alle einen ökologischen Hintergrund haben. Denn Selma Lagerlöf war es mit ihrem Buch ein Anliegen, die Kinder mit der sie umgebenden Natur Schwedens nicht nur vertraut zu machen, sondern sich für ihren ökologischen Bestand einzusetzen.

Und so kommt es immer wieder zu Szenen, in denen der kleine Nils die Anliegen der Tiere gegenüber den sie bedrängenden Menschen, aber auch den Bestand der für die Tiere wichtigen Biotope gegen die Menschen, die Raubbau an der Natur betreiben, zu verteidigen. Denn der kleine Nils kann nicht nur die Sprache der Wildgänse und der anderen Tiere verstehen, er kann auch nach wie vor in der Menschensprache mit den ihnen begegnenden Menschen sprechen und sich für die Rechte der Natur einsetzen. Selma Lagerlöfs Klassiker ist also gerade heute immer noch wirklich lesenswert und gibt zugleich ein sehr gutes Beispiel dafür, wie es durch eine innere und äußere Verwandlung möglich wird, die Sprache der Tiere wirklich zu verstehen und zu hören, was sie einem zu sagen haben.

Die Liebe als Erkenntniskraft und das ökologische Gewissen

Durch die beschriebene Art des vertieften seelischen Erlebens der eigenen Sinneseindrücke verändert sich unser Verhältnis zur Natur vollständig. Denn nun ist unser Erkennenwollen nicht mehr ein bloßes Registrieren und gedankliches Verarbeiten und Nachbilden, sondern unser Erkennen wird zu einer Art von hingebungsvoller Liebe zu den *Subjekten* der Natur, von denen wir selbst auch eines sind. Nur dass wir Menschen im Unterschied zu den Pflanzen und Tieren nicht nur die Fähigkeit zur Erkenntnis haben, sondern eben auch zur Liebe. Und damit wird die *Liebe* zu einer *Erkenntniskraft!* Das heißt, unser Erkennen bleibt nicht mehr ein bloßes Zuschauen und Abbilden, sondern unser Erkennen beginnt, die Natur zu beeindrucken, ja, sie sogar zu verwandeln. Das heißt auch: Unser Erkennen wird zu einer moralischen Kraft.*

Damit wären wir wieder bei der Frage nach dem ökologischen Gewissen angelangt. Denn nunmehr geht es der Natur gegenüber nicht mehr um ein bloß schlechtes Gewissen angesichts der Zerstörungen, die wir Menschen der Natur angetan haben und weiterhin antun. Es geht aber auch nicht um ein gutes Gewissen, das wir uns einfach zusprechen, weil wir meinen, mit dem Klimawandel und dem Artensterben nichts zu tun zu haben. Sondern wir entwickeln durch das Erleben der Subjekthaftigkeit der Natur gegenüber eine ganz neue

Verantwortung für sie, denn nur wir als Menschen haben diese Fähigkeit unsere Liebe als Erkenntniskraft wirksam werden und die anderen Subjekte um uns herum von dieser unserer Fähigkeit profitieren zu lassen.

Damit können wir endlich vom bloßen Nehmen zu einem Geben der Natur gegenüber kommen. Und indem wir dieses tun, bemerken wir, wie sich daran ein neues ökologisches Gewissen auszubilden beginnt. Ein Gewissen, das seinen Sitz nicht mehr im Kopf, sondern im Herzen hat!* Im seinem Romanfragment *Heinrich von Ofterdingen* beschreibt *Novalis* das Gewissen demgemäß so:

„... indem man das Gewissen begreift, entsteht es. ... das Gewissen erscheint in jeder ernsten Vollendung, in jeder gebildeten Wahrheit. Jede durch Nachdenken zu einem Weltbild ausgearbeitete Neigung und Fähigkeit wird zu einer Erscheinung, zu einer Verwandlung des Gewissens. Alle Bildung führt zu dem, was man nicht anders, wie Freiheit nennen kann... Das Gewissen ist der Menschen eigenstes Wesen in voller Verklärung, der himmlische Urmensch.“**

Dabei klingt nun auch an, was wir im 3. Kapitel über die *Intelligenz des Planeten* gesagt haben, dass sie nämlich ursprünglich die Intelligenz des Menschen hätte sein sollen, und dass der Mensch in diesem Sinne zum weisen Regenten unseres Planeten bestimmt worden ist, dass er aber durch den sogenannten *Sündenfall* dieser seiner Berufung nicht mehr gerecht werden konnte. Durch das neue, ökologische Gewissen aber kann der Mensch diesem Ziel wieder ein Stück näher kommen, ganz im Sinne der Worte des *Novalis: „Wir sind auf einer Mission. Zur Bildung der Erde sind wir berufen!“***

Damit wollen wir dieses Kapitel abschließen und uns im letzten Kapitel nun der Frage zuwenden, welche Art von neuer

Technologie, als eine Art von Gegengewicht zur Künstlichen
Intelligenz und zu den Bestrebungen des Transhumanismus,
aus einem solchen moralischen Verhalten der Natur gegenüber entstehen kann.

7.
Energie ohne Elektrizität –
Ausblicke auf eine zukünftige Technologie

Im zweiten und dritten Kapitel haben wir bereits gesehen, dass die Technologien, die die Menschheit bislang entwickelt hat, auf dem modernen naturwissenschaftlichen Bewusstsein der Freiheit beruhen. Damit verbunden ist aber auch die Tatsache, dass mehr oder weniger alle Technologien, über die wir heute verfügen, als Energiequelle Elektrizität oder eine Verbrennungstechnik benötigen. Alle diese Energieformen bedeuten für die Natur einen Abbau, das heißt, an irgendeiner Stelle wird der Natur und unserem Planeten etwas weggenommen, und es findet letztlich ein zerstörerischer Abbauvorgang statt.

Auch wenn sich die Nachhaltigkeitsbewegung darum bemüht, diesen Abbau und Raubbau an der Natur zu begrenzen, so muss man aufgrund der Erkenntnisse, die wir im vierten Kapitel über die heutige Spitzentechnologie, die KI, gewonnen haben, sagen, dass die aktuelle technologische Entwicklung keineswegs darauf aus ist, den Raubbau an der Natur einzuschränken, im Gegenteil: Er wird aufgrund des enorm riesigen Bedarfs an seltenen Rohstoffen und vor allem an zusätzlicher elektrischer Energie mehr denn je fortgesetzt.

Im fünften Kapitel haben wir dann gesehen, auf welcher Grundhaltung des Menschen aller technologische Fortschritt beruht, nämlich auf der Fähigkeit zur Kritik. Wir haben gesehen, wie wir durch eine Umwandlung dieser Haltung in eine neue Fähigkeit, nämlich die Haltung der Positivität und der Verehrung zu einer tatsächlichen Energiewende kommen können, durch die der Mensch von einem bloß Nehmenden zu einem Gebenden werden kann. Im sechsten Kapitel haben wir schließlich die Übungen beschrieben, durch die wir uns als Menschen zu den Naturwesen als Subjekte so verhalten können, dass wir die uns zunächst fremde Sprache der Natur anfangen zu verstehen.

Damit aber kommt der Mensch nun seiner eigentlichen Aufgabe, die, wie wir im dritten Kapitel gesehen haben, darin besteht, die *Intelligenz des Planeten* zu bilden, schon ein ganzes Stück näher, weil er dabei beginnt, das aus seinem Freiheitsbewusstsein resultierende Grundgefühl der *Getrenntheit* zu überwinden. Doch kann diese Aufgabe natürlich nicht nur auf innerlich-meditativem Wege bewältigt werden. Es braucht auch im Äußeren, nämlich auf dem Gebiet der Technologie eine *Energiewende.* Denn der Raubbau an der Erde geschieht zwar aufgrund einer inneren Haltung, die sich aber ganz konkret auf äußere Weise als zerstörerisch erweist.

Da diese Zerstörung unseres Planeten heute im Wesentlichen auf der zunehmend favorisierten Energiequelle, nämlich der Elektrizität beruht, geht es bei der Frage nach einer Technologie, die den Menschen in die Lage versetzt dem Planeten nicht mehr etwas einfach nur zu nehmen, sondern ihm etwas zurück zu geben, um eine *Energie ohne Elektrizität.**

Von der Unternatur zur Übernatur

Bevor wir diese neue Energieform und die mit ihr verbundene Technologie im Detail zu beschreiben versuchen, können wir zunächst einige Voraussetzungen dazu klären. Denn zum einen geht es bei dieser Technologie eben nicht mehr darum, dass wir Menschen quasi auf Knopfdruck mittels Elektrizität oder Verbrennungsvorgängen und einer mit diesen verbundenen Technologie einfach etwas geliefert bekommen, wofür letztlich unser Planet mit seinem Leben bezahlen muss. Dieses einseitige, auf dem modernen naturwissenschaftlichen Bewusstsein beruhende Prinzip, gilt es, wenn wir die Zukunft des Planten sichern wollen, zu überwinden, bzw. ihm ein anderes Prinzip gegenüberzustellen.

Denn alle auf Elektrizität, Magnetismus und Verbrennungsprozessen beruhenden technologischen Vorgänge führen, so wie Rudolf Steiner es beschrieben hat,* von der Natur in die *Unternatur,* weil sie sich der sinnlichen Wahrnehmung entziehen. Deshalb sollte eine neue Technologie nach Steiners Vorstellungen nicht in die *Unternatur,* sondern in die Übernatur führen. Diese Übernatur aber befindet sich nicht im Bereich der toten Materie, sondern im Bereich des Ätherisch-Lebendigen. Wir können daher auch von einer Äthertechnologie sprechen.

Eine Technologie, die sich im Bereich des Ätherischen bewegt, kann aber qua definitionem nicht Leben vernichtend sein, sondern sie muss den Charakter des Lebendigen haben, also Leben bzw. Energie spendend wirken – also eine Technologie, die den Naturwesen und dem Planeten nicht erneut etwas wegnimmt, sondern die Leben bzw. Energie spenden kann. Das wäre also die eine Voraussetzung.

Die zweite Voraussetzung besteht nun darin, dass der Mensch diese Technologie nicht einfach auf Knopfdruck in Gang setzen kann, und diese quasi ohne ihn funktioniert, so wie ich eine Waschmaschine anstellen kann und, während sie arbeitet, nicht dabei sein muss. Alle herkömmlichen Geräte und Maschinen funktionieren ohne den Menschen. Bei der neuen Äthertechnologie aber geht es nun darum, dass sie ohne den

Menschen nicht funktionieren kann, und dass der Mensch dazu etwas beitragen muss, wozu nur ein Mensch und kein anderes Naturwesen in der Lage ist, seine *Moralität!* Die Moralität des Menschen ist die einzige Energiequelle, über die nur der Mensch und kein anderes Naturwesen verfügt.

Alle anderen Naturwesen sind von Natur aus *gut* bzw. *perfekt*. Nur der Mensch ist ein defizitäres Wesen, das sich selbst verbessern bzw. zum Guten hin entwickeln kann. Einen ersten Ansatz dazu haben wir im fünften Kapitel mit der Umwandlung von *Kritik* in *Positivität* und *Verehrungskraft* schon beschrieben.

Die Unterscheidung von Arbeits- und Lebenswelt

Kommen wir nun aber konkret auf die hier in Rede stehende zukünftige Technologie, müssen wir uns zuvor noch etwas anderes klar machen. Das meiste, was der Mensch an Technologien entwickelt hat, ist immer dazu da gewesen, ihm die *Arbeit* zu erleichtern. So sind die meisten Maschinen, die es auch heute noch gibt, ein Teil der *Arbeitswelt*. Dieser steht aber immer die *Lebenswelt* gegenüber, das heißt die Welt, in der sich die Menschen von ihrer Arbeit wieder erholen können. Denn jegliche Arbeit, ob mit Maschinen oder nicht, verbraucht die Lebenskräfte des Menschen (und der Natur!). Um dauerhaft arbeiten zu können, muss der Mensch seine Lebenskräfte regenerieren können, sich also erholen. Dazu dient ihm seine Lebenswelt.

Ob die Erholung nun in der Natur stattfindet, in den Ferien oder zu Hause, in jedem Falle sollte die Lebenswelt so gestaltet sein, dass sie der Regeneration der Lebenskräfte tatsächlich dient, das heißt, dass man sich in ihr wirklich erholen kann. Das ist im Zeitalter der Digitalisierung aber häufig gar nicht der Fall, auch wenn der Mensch diesen Eindruck haben sollte.

Die Digitalisierung der Lebenswelt

Wenn wir auf die Entwicklung der Computertechnik blicken, so erscheinen die Computer ursprünglich ganz eindeutig als Maschinen, die der Arbeitswelt bzw. der technologischen Forschung angehören. Einer der ersten Großrechner, den man später *MANIAC* genannt hat, wurde von seinem Erbauer *John von Neumann* zur Berechnung der Sprengkraft der Atombombe entwickelt, also zu militärischen Zwecken.* Später wurden die auf der *von Neumann Architektur*** basierenden Rechner dann von *IBM* übernommen und für die Kommerzialisierung von Büromaschinen weiter entwickelt. Das heißt aber, dass diese ersten Computer niemals Teil der Lebenswelt, sondern immer Teil der Arbeitswelt waren und bis heute auch immer noch sind.

Bis weit in die 70er und 80er Jahre des 20. Jh. wäre es niemandem auch nur im Traum eingefallen, seinen Bürocomputer mit nach Hause auf sein Sofa oder gar mit ins Bett zu nehmen! Denn diese Maschinen waren erstens schwer, zweitens hässlich und drittens zu lebensweltlichen Zwecken der Erholung vollkommen ungeeignet! Die Bildschirme waren äußerlich grau, die Oberfläche schwarz und die Schrift grün. Und nur durch bestimmte Tastenkombinationen, die der Nutzer genau kennen musste, konnten mit diesen Rechenmaschinen tatsächliche Operationen ausgeführt werden.

Dann aber kamen unabhängig voneinander *Steve Jobs* von *Apple-Macintosh* und *Bill Gates* von *Microsoft* auf die Idee, diese arbeitsweltlichen Maschinen zu *Personal Computern* umzugestalten und damit zum Bestandteil der Lebenswelt zu machen. Das geschah durch zwei Erfindungen: Zum einen die grafische Benutzeroberfläche, den sogenannten *Desktop,* und durch das benutzerfreundliche und an herkömmliche unterhaltungselektronische Gegenstände erinnernde *Design.* Einen *Macintosh*-Computer konnte man nun sehr gut zu Hause auf den Schreibtisch oder sogar ins Wohnzimmer stellen und mithilfe der Benutzeroberfläche ohne das lästige Eingeben von Progammbefehlen leicht bedienen. Auch die *Windows-Architektur* von *Microsoft* ermöglichte es jetzt jedem Laien ohne die Kenntnis einer Programmiersprache, diese Computer zu bedienen. Und so wurden die Computer nach und nach zum Bestandteil der Lebenswelt.

Den eigentlichen Durchbruch aber brachte schließlich ab 1998 das für jeden privaten Anwender verfügbare *Worldwide Web,* nämlich das *Internet,* das nun mit Hilfe der von *Larry Page* und *Sergej Brin* ebenfalls im *Silicon Valley** entwickelten Suchmaschine *Google* jedem Nutzer wie eine Art Telefonbranchenbuch zur Verfügung stand. Die Entwicklung der sogenannten größten Internetverkaufsplattform *Amazon* durch *Jeff Bezos* und des ersten *sozialen Netzwerks Facebook* durch *Mark Zuckerberg* sowie der *Handelsplattform Ebay,* alle ebenfalls im *Silicon Valley ansässig,* sorgte für die rasend schnelle Ausbreitung des Internets in alle Winkel der Erde, sodass es heute praktisch von jedem Menschen auf der Erde mehr oder weniger täglich genutzt werden kann.

Nun können wir uns aber natürlich die Frage stellen, ob diese Maschinen, also die *Personal Computer* und deren mobile Varianten, die sogenannten *Smartphones,* die heute zum unverzichtbaren Bestandteil der Lebenswelt eines großen Teils der Menschheit geworden sind, denn nun tatsächlich dieser Lebenswelt, nämlich der *Regeneration* und *Erholung* der Menschen von ihrer Arbeit dienen? Die Antwort ist: Nein, das tun sie mitnichten! Denn auch wenn die Benutzeroberflächen, allen voran der blaue Himmel von *Microsoft Windows,* diesen Eindruck vermitteln, die Nutzung eines PCs oder Smartphones ist und bleibt ein Bestandteil der Arbeitswelt und hat keine die Lebenskräfte regenerierende Wirkung!

Denn auch wenn der Nutzer den Eindruck hat, die digitalen Geräte und Technologien für seine Freizeit und Erholung zu nutzen, sie wirken in jedem Falle auf den Nutzer ermüdend und seine Lebenskräfte abbauend! Und nicht nur das: Durch die Nutzung des Internets und der allermeisten Anwendungen liefert der Nutzer den Entwicklern im Silicon Valley permanent die Daten, die diese zur Entwicklung ihrer Angebote benötigen. Respektive hilft er den Entwicklern, ihre Angebote durch die ständig präsente Werbung zu finanzieren. Das heißt, alle Anwender, auch die zahllosen Kinder, die diese Geräte zum Schaden ihrer körperlich-seelischen Entwicklung durch eine versteckte Form der *Kinderarbeit* nutzen*, *arbeiten* für die Zwecke der Digitalindustrie und zwar vollkommen unentgeltlich. Seit der kommerziellen Nutzung von KI-Anwendungen wie etwa *ChatGPT* und zahlreicher anderer KI-Programme arbeiten sie aber auch an der Weiterentwicklung der KI beständig mit, ohne dieses zu bemerken. Die Menschheit wird dadurch in grandioser Weise über die Tatsache hinweggetäuscht, dass sie durch die lebensweltliche Nutzung digitaler Geräte zum Bestandteil einer ins Gigantische gewachsenen digitalen Arbeitswelt geworden ist.

Die Strader-Technologie –
Ein frühes Gegengewicht zur Digitalisierung

Rudolf Steiner hat nun bereits 1912 in dem dritten seiner vier Mysteriendramen *Der Hüter der Schwelle* eine neue Art von Technologie skizziert, die wir nachfolgend ausführlicher darstellen wollen. Im ersten Bild dieses Dramas wird von einer Erfindung gesprochen, die der Techniker und Ingenieur *Dr. Strader* gemacht hat. Diese Erfindung steht im Rahmen eines größeren Projektes, bei dem sich geisteswissenschaftliche Erkenntnisse mit einer praktisch wirtschaftlichen Unternehmung verbinden sollen. Dr. Strader geht es dabei vor allem darum, die durch die materielle Arbeit, also die Arbeitswelt, verbrauchten Kräfte so zu stärken, dass sich die Menschen dadurch aus der Schwere lösen können, in der sie ansonsten durch ihre Arbeit immer mehr hineingezwungen werden. Deshalb sagt er an dieser Stelle:

„Es zeigt sich in des Menschen Erdenlauf,
Dass alles Wirken von Gefühl und Seele
Sich löst und seelenlosem Sein verfällt,
Je mehr der Geist die Kräfte meistern lernt,
Die er im Sinnenreiche finden kann.
Mechanisch fließt mit jedem Tage mehr
Die Arbeit hin, die Lebenswerte schafft,
Und mit der Arbeit auch das Leben selbst.
Man hat gar vieles sorgsam wohl erdacht,
Was wahrhaft wirksam sich erweisen könnte,
Dass kalter Technik Art und Arbeitsform
Nicht lähmend für des Menschen Seelenleben
Und für die wahren Geistesziele werden.
Nur wenig ward erreicht durch dieses Streben …“

Dr. Strader spricht also genau von dem Thema, um das es uns

hier geht, nämlich von dem Verhältnis der Arbeitswelt, in der
die Lebenskräfte der Menschen verbraucht und aufgerieben
werden, zur Lebenswelt, in der sich diese Kräfte regenerieren
sollen. Und nun spricht er von seiner Erfindung mit den folgenden Worten:

„Auch ich verbrachte manche ernste Stunde
Mit Sinnen über dieses Lebensrätsel.
Doch fand ich stets, dass meines Sinnens Frucht
Von wahren Lebenswerten nichts enthielt.
Schon nahe fühlt' ich mich der bittern Meinung,
Es sei im Weltenschicksal vorbestimmt,
Dass sich der Siegeszug im Stoffgebiet
Der Geistentfaltung feindlich zeigen müsse.
Es brachte, was ein Zufall scheinen könnte,
Mir aus des Denkens Wirrnis die Erlösung.
Als ich Versuche anzustellen hatte,
Die solchen Fragen wahrlich ferne lagen,
Entrangen sich ganz plötzlich meiner Seele
Gedanken, die den rechten Weg mir wiesen.
Es reihte dann Versuch sich an Versuch,
Bis endlich der Zusammenklang von Kräften
Auf meinem Arbeitstische sich ergab,
Der einst in seiner vollen Ausgestaltung
Rein technisch jene Freiheit bringen wird,
In welcher Seelen sich entfalten können.
Nicht weiter wird man Menschen zwingen müssen,
In enger Arbeitsstätte würdelos
Ihr Dasein pflanzenähnlich zu verträumen.
Man wird der Technik Kräfte so verteilen,
Dass jeder Mensch behaglich nutzen kann,
Was er zu seiner Arbeit nötig hat
Im eignen Heim, das er nach sich gestaltet."

Dr. Strader spricht also von einer Technik, die es dem Menschen *im eignen Heim,* also in seiner *Lebenswelt,* ermöglichen soll, die Kräfte zu generieren, die er zu seiner Arbeit nötig hat!

Auf dem Hintergrund des vorher über die Problematik der *Digitalisierung der Lebenswelt* Gesagten ergibt sich hiermit eine Art von Gegengewicht zur Digitalisierung! Rudolf Steiner sah also, und das zeigen auch seine späteren Vorträge über die technologische Entwicklung der Zukunft*, die Entwicklung der Computer und der Künstlichen Intelligenz bereits zu Beginn des 20. Jh. voraus und zeigt an dieser Stelle seines dritten Mysteriendramas einen Ingenieur, der sich über das problematische Verhältnis von Arbeits- und Lebenswelt grundlegende Gedanken macht. Diese führen ihn zur Erfindung einer Apparatur, die an einer späteren Stelle dieses Dramas dann auch auf der Bühne zu sehen ist.

Diese Szene wird im vierten Bild desselben Dramas gezeigt. Da sehen wir Dr. Strader zusammen mit seiner Frau *Theodora*** in ihrem Zuhause, also in ihrer Lebenswelt, gemeinsam auf die sieben Jahre ihres Zusammenlebens und ihrer Ehe zurückblicken. Und wir sehen dabei in ihrem Wohnraum auf dem Arbeitstisch von Dr. Strader eine Apparatur stehen, zu der an der Seite noch drei kleinere Zusatzgeräte zu sehen sind (vgl. Abb. 4, S. 104). Über dem Tisch, an dem Theodora sitzt, befindet sich an der Decke befestigt eine kupferne Schale. Wir werden auf diese Apparaturen im Weiteren noch ausführlicher eingehen.

An dieser Stelle wird also eindeutig sichtbar, dass es sich bei der von Dr. Strader entwickelten Technologie nicht um eine Maschine oder Apparatur der *Arbeitswelt* handelt. Denn wir befinden uns eben im Wohnraum des Dr. Strader und der Theodora, also weder in einer Fabrikhalle noch in einem La-

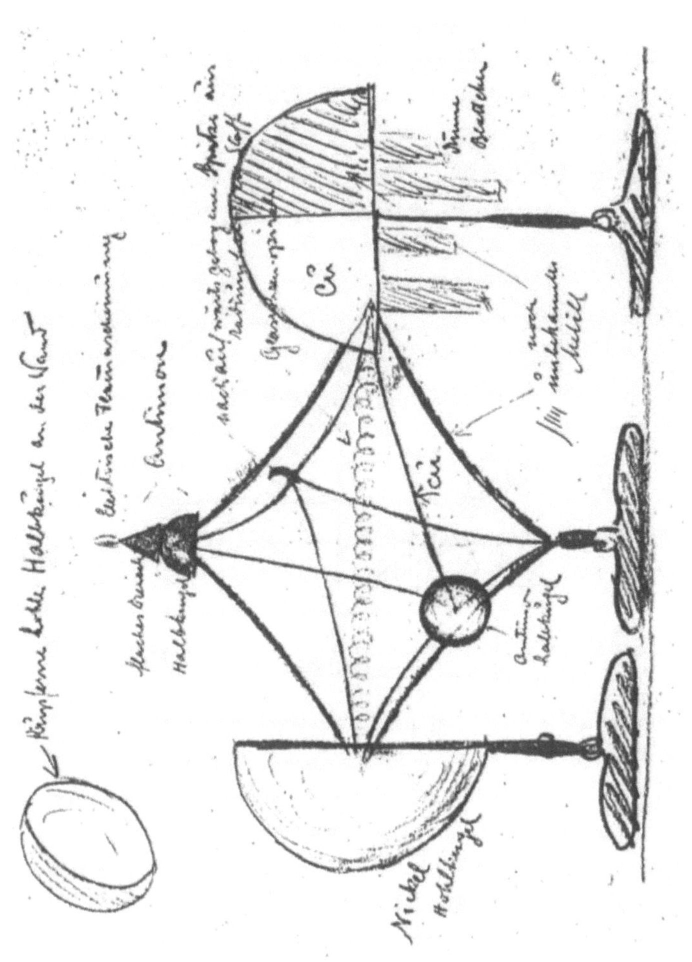

Abb. 3

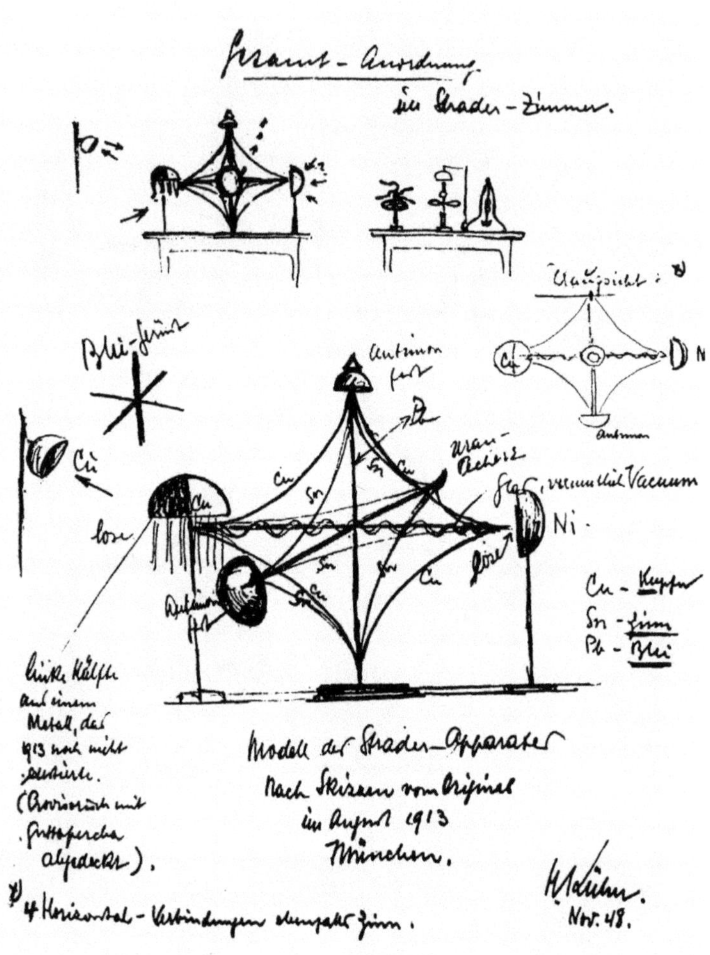

Modell der Strahlen-Apparatur
nach Skizzen vom Original
im August 1913
München.

H. Lehner.
Nov. 48.

*Abb. 4**

bor oder in einer Werkstatt, sondern in der *Lebenswelt*, in der es eben darum geht, die in der Arbeitswelt verbrauchten Kräfte zu regenerieren.

Schauen wir uns die Apparatur aber nun genauer an (vgl. Abb. 3, S. 103): Zunächst einmal sehen wir bei der Hauptapparatur, die auf der Bühne an dem Arbeitsplatz von Dr. Strader zu sehen war, ein Gebilde in Gestalt eines raumartigen Kreuzes, mit vier in die vier Himmelsrichtungen weisenden Armen und einer Art von Krone oben drauf. An den beiden nach Osten und nach Westen weisenden Armen war jeweils eine größere Schale montiert, die eine Schale nach oben gewölbt und nach unten offen, die andere Schale in Richtung des Zentrums der Apparatur geöffnet und in die Gegenrichtung gewölbt. An den beiden Armen der Nord-Süd-Achse wiederum befand sich auf der einen Seite eine weitere, aber kleinere Schale, die nach innen hin geöffnet erschien. Auf der gegenüberliegenden Seite befand sich dagegen nur eine Art von Stumpf.

Anhand der abgebildeten beiden Skizzen von Oskar Schmiedel und Hans Kühn ergeben sich nun auch die von Rudolf Steiner anlässlich der Uraufführung des 3. Mysteriendramas 1912 und der Wiederaufführung 1913 in München angegeben Materialien, wobei wir uns hier auf die wesentlichen Materialien beschränken. So war die nach unten gewölbte Schale im Westen aus Kupfer, die nach innen gewölbte aus Nickel, die kleinere Schale im Norden aus Antimon, und der Stumpf im Süden war mit Pechblende überzogen. Die obenauf sitzende Schale war ebenfalls aus Antimon, und ganz oben befand sich dann das kronenartige Gebilde, das vergoldet erschien. Die Verbindungsstreben des Kreuzes waren in der Ost-West-Richtung mit einem Glaswendel umgeben, in der sich ein Vakuum befand.

Womit aber haben wir es bei dieser rätselhaften Apparatur nun zu tun? Das Ganze macht zunächst ja überhaupt nicht den Eindruck einer Maschine, die irgendeine äußere, mechanische oder gar elektrisch angetriebene Arbeit verrichten könnte. Es gibt weder irgendwelche beweglichen mechanischen Teile, noch sieht man etwa einen elektrischen Anschluss oder einen Einschaltknopf. Die ganze Apparatur macht zunächst mehr den Eindruck eines Kunstwerkes als einer Maschine. Worum aber handelt es sich nun tatsächlich?

Die Rekonstruktion des Strader-Apparates durch strader:tech

Die nachfolgenden Ausführungen beruhen im Wesentlichen auf der Beschäftigung des Verfassers mit der Rekonstruktion und Weiterentwicklung der Strader-Apparatur durch *strader:tech*, nämlich *Jan Gabriel Niedermeier* und *Esther Böttcher*. Jan-Gabriel ist als Arzt in der Kinderheilkunde der Filderklinik tätig, Esther als Sprachtherapeutin. Beide kommen also nicht aus dem technischen, sondern aus dem therapeutischen Bereich. Seit 2020 haben die beiden mit Unterstützung einiger Künstler und Handwerker die Strader-Apparatur zunächst in einer Art Prototyp rekonstruiert, inzwischen gibt es davon bereits mehrere Exemplare an verschiedenen Orten. Der Prototyp steht bei den beiden Urhebern zu Hause in ihrem Wohnraum. Dort hatte der Verfasser im Rahmen eines Arbeitskreises die Möglichkeit, sich intensiver mit dieser Apparatur zu beschäftigen.

Je länger man diese Apparatur nun auf sich wirken lässt, und das ist es, was man zunächst einmal einfach tun kann, desto mehr stellt sich folgender Eindruck ein: Dieser Apparat befindet sich, wenn man ihn einfach nur so da stehen sieht, in einer Art Ruhezustand, er tut nichts, er ist gewissermaßen in einem *Standby-Zustand.* Beginnt man sich nun aber mit seiner vielgliedrigen Gestalt zu beschäftigen, dann wird mehr und mehr deutlich, dass diese Vielgliedrigkeit etwas mit einer Viergliederung zu tun hat.* Jan-Gabriel Niedermeier schreibt darüber in seiner Einführungsbroschüre:

„In der aufmerksamen Wahrnehmung der Welt ergeben sich die verschiedenen sogenannten Naturreiche als Mineral-, Pflanzen-, Tier- und Menschenreich. … Eine grundlegende Eigenschaft der jeweiligen Naturreiche ist, dass diese jeweils eigenen Gesetzmäßigkeiten folgen, die nicht aus dem darunter liegenden Naturreich erklärt werden können. … In dem Erleben der Welt finden wir grundlegend die vier Aggregatzustände als wärmehaft, gasförmig zusammen mit Licht, flüssig und fest.

Zudem nehmen wir die Auswirkungen von bestimmten Kräften (wie der Schwerkraft) wahr:

– Ausdehnen und Zusammenziehen im Zusammenhang mit Wärme
– Zentrieren, Dichte, Druck, Ausdehnung und Weite im Zusammenhang mit dem Gasförmigen und dem Licht
– Schwere und Leichte im Zusammenhang mit dem Flüssigen
– Zerteilendes und Zerfallendes sowie eine formbildende Kraft im Zusammenhang mit dem Festen.“

Diese hier beschriebenen Eigenschaften stehen nun im Zusammenhang mit den vier Elementen, nämlich: Wärme – Luft – Wasser – Erde

Wenn wir diese vier Elemente aus der sinnlich-sichtbaren Welt nun in die Welt des Untersinnlichen hinunter verfolgen, so ergeben sich dabei folgende Entsprechungen:

Verbrennung – Elektrizität – Magnetismus – Radioaktivität

Durch die Verbrennung wird die physische Substanz und ihre sinnliche Form vernichtet, zurück bleibt nur noch die Asche. Durch die Elektrizität verschwindet das Räumliche, denn elektrische Ströme fließen in so kurzer Zeit, dass der Raum den sie dabei durchmessen müssen, quasi aufgelöst wird und mithin seine Bedeutung verliert.* Magnetismus wiederum ordnet die elektrischen Kräfte und richtet sie in gleicher Weise aus. Während durch Radioaktivität die physischen Stoffe von innen heraus zerfallen. Verfolgen wir die physikalischen Eigenschaften aber nach der anderen Seite ins Übersinnliche, so finden wir im Ätherischen ebenfalls eine Vierheit, nämlich:

Wärmeäther – Lichtäther – Klang, bzw. Chemischer Äther – Lebensäther

In eine Übersicht gebracht, sieht diese universelle Vierheit dann wie folgt aus (siehe Tabelle auf S. 109).

Diese tabellarische Übersicht darf jedoch nicht darüber hinwegtäuschen, dass alle diese Elemente nicht so abgegrenzt sind, wie sie in der Tabelle erscheinen, sondern in der Wirklichkeit ineinander übergehend, also nicht isoliert voneinander auftreten."**

Die ätherische Welt ist also wie die physische Welt in vierfacher Weise, den vier Elementarzuständen des Festen, Flüssigen, Luftigen und Wärmehaften entsprechend, gegliedert – ebenso auch die vier untersinnlichen Kräfte der Verbrennung, der Elektrizität, des Magnetismus und der Radioaktivität. Der Aufbau der Grundapparatur orientiert sich also an dieser Vierheit.

Kommen wir nun zu den Nebenapparaturen, von denen in der Uraufführung des Mysteriendramas drei auf der Bühne

Übersinnlicher Äther	*Wärmeäther* substanzbildend	*Lichtäther* raumbildend	*Klangäther* Beziehungen bildend	*Lebensäther* Ganzheiten bildend
Physisches Element	*Wärme* kondensierend ausdehnend	*Luft* weitend Sog, Druck	*Wasser* Leichte Schwere	*Erde* Form bildend teilend
Untersinnliche Kraft	*Verbrennung* Substanz vernichtend	*Elektrizität* Raum vernichtend	*Magnetismus* gleichförmig ordnend	*Radioaktivität* Form vernichtend

auf einem Tisch zu sehen waren. Sie werden von *strader:tech* als *Führungsgeräte* bezeichnet. Was hat es damit auf sich? Anhand eines Vergleichs möge ihre Funktionsweise veranschaulicht werden.

Man stelle sich eine Person vor, die zum aller ersten Mal vor einem *Schallplattenspieler* steht, also einem Gerät, das zur Lebenswelt und zur sogenannten *Unterhaltungselektronik* gehört. Nun fragt sich diese Person, was man mit diesem Gerät anfangen könne und fängt an, daran herum zu operieren, es geschieht aber nichts. Nun erklärt man dieser unwissenden Person, dass man mit diesem Gerät Musik hören könne. Die Person ist total erstaunt darüber und fragt sich nun, wie das denn wohl gehen könne. Man zeigt ihr eine dazugehörige Schallplatte, die man auf den Plattenteller legen müsse. Die Person tut das also, hört aber immer noch keine Musik.

Nun erklärt man ihr, dass dazu natürlich die Lautsprecher gehören, die man zunächst aber anschließen müsse. Das aber gehe nur mit Hilfe eines Zusatzgerätes, nämlich eines sogenannten Verstärkers. Diese Zusatzapparaturen werden nun von der Person angeschlossen, aber es passiert immer noch nichts. Nun erklärt man der Person, dass das Tonabnehmersystem, das die Schallplatte abtastet, magnetisch sei, und dass es deshalb noch eines Vorverstärkers bedürfe, um tatsächlich die auf der Schallplatte gespeicherte Musik hören zu können. Also wird auch noch der Vorverstärker angeschlossen, und jetzt erklingt, nach dem Einschalten der beiden Verstärker und dem Drücken des Einschaltknopfes am Plattenspieler die auf der Schallplatte gespeicherte Musik, allerdings nur, wenn alle Geräte an einer Steckdose angeschlossen und mit Elektrizität versorgt werden.

Zwar versteht man deshalb noch immer nicht, wie aus einer

schwarzen Vinylscheibe Musik erklingen kann, welche genaue Funktion die beiden Verstärker haben, und wie die Lautsprecher genau funktionieren, aber immerhin, das Gerät funktioniert!

In vergleichbarer Weise verhält es sich nun mit den vier Führungsgeräten. Sie dienen dem Anwender der *Strader*- bzw. Äthertechnologie dazu, einen Zugang zu den vier beschriebenen Ätherarten zu bekommen und der Grundapparatur dadurch zu ermöglichen die mit diesen Ätherarten verbundenen Kräfte zu aktivieren. Aber wie können diese Kräfte denn nun wirksam werden, und vor allem: *Was wird dadurch bewirkt?* Die große Frage, die sich viele Menschen, die mit der Strader-Technologie erstmalig in Berührung kommen, stellen, ist: Wozu soll denn diese Apparatur dienen, und was haben wir davon?

Die Funktionsweise der moralischen Technologie

Damit aber kommen wir auf die Frage nach der Moralität und ihrer Bedeutung für diese zukünftige Technologie, die man auch als *moralische Technologie* bezeichnen könnte, zurück. Beim beschriebenen Plattenspieler genügt es, wenn der Benutzer das Gerät einfach an einer Steckdose anschließt und auf den Einschaltknopf drückt. Vorausgesetzt, er hat alle für den Betrieb notwendigen Zusatzgeräte richtig angeschlossen, ergibt sich dann die gewünschte Funktion des Musikhörens ohne weiteres Zutun.

Die *moralische Technologie* aber benötigt keine Elektrizität, die nur durch den Abbau der Natur entsteht und die eine untersinnliche Kraft darstellt. Hier geht es um ätherische, also nicht abbauende, sondern aufbauend und regenerativ wirkende Lebens- bzw. Ätherkräfte. Diese aber können nur dadurch aktiviert werden, dass der Anwender sich selbst als Kraftquelle zur Verfügung stellt. Die eigentliche Kraftquelle ist also der Mensch selber, und die Energie, die er zum Betrieb der Strader-Apparatur aufbringen muss, ist eben seine Moralität.

Von dieser Moralität haben wir im fünften und sechsten Kapitel bereits gesprochen, es sind die Kräfte der Positivität und der geistigen Vertiefung bzw. Meditation. Dadurch wird die gewöhnliche Erkenntnisfähigkeit in Liebe verwandelt, d.h., *die Liebe wird zu einer Erkenntniskraft.* Gewöhnlicher Weise gehen wir davon aus, dass unsere Erkenntnisse zwar möglicherweise uns selbst verwandeln können, nicht aber den erkannten Gegenstand. Dieser bleibt als Erkenntnisobjekt getrennt vom erkennenden Subjekt. In einer meditativen Betrachtung aber, die mit Liebe und Hingabe an das Objekt ausgeübt wird, beginnt sich das Objekt in ein Subjekt zu verwandeln, es beginnt zum Betrachter zu sprechen bzw. sich auszusprechen.

In einer Meditation handelt es sich ja zunächst darum, den Meditationsgegenstand innerlich oder äußerlich genau zu betrachten und zu untersuchen. Dabei wird zum Beispiel ein Meditations-Mantram innerlich in Bewegung gebracht, und der Meditierende beginnt dadurch, sich mehr und mehr mit dem Mantram zu verbinden, bis er schließlich bemerkt, dass er in seinem meditativ bewegten Denken mehr und mehr eins mit dem zu meditierenden Inhalt geworden ist. Die Form, also das bewegende Denken, und der Inhalt, also das Mantram, werden dadurch mehr und mehr identisch, und die Trennung von Subjekt und Objekt wird überwunden! In der Meditation vollzieht sich also das, was in dem meditierten Mantram ausgesprochen wird und beginnt dadurch tatsächlich wirksam zu werden. Ein Mantram kann deshalb auch als *Kraftwort* bezeichnet werden.

Dasselbe gilt nun auch für die Beschäftigung mit den Führungsgeräten der Strader-Apparatur. Je mehr man sich ihnen meditativ zuwendet, desto mehr beginnt man, mit ihrer Funktionsweise vertraut zu werden, die ja im Bereich des Ätherischen liegt, also in dem Bereich, aus dem auch unsere Denk- und Vorstellungskräfte stammen.* Auch hier wird im meditativen Betrachten, das zunächst von einer genauen äußeren Wahrnehmung der Geräte ausgeht, der Erkenntnisgegenstand mehr und mehr eins mit der inneren meditativ beobachtenden denkerischen Tätigkeit.

Aber dabei wird die Apparatur wie bei der im 6. Kapitel beschriebenen Vertiefung von Sinneseindrücken nicht nur zum Betrachter sprechen, sondern sie beginnt tatsächlich tätig zu werden, das heißt, ätherische Kräfte zu generieren. Das geschieht nun in Abhängigkeit vom jeweiligen Führungsgerät. D.h., es werden jeweils Kräfte des Lebensäthers, des chemischen Äthers, des Lichtäthers oder des Wärmeäthers aktiviert.

Bevor wir diese Wirksamkeit genauer untersuchen, können wir uns auch das Folgende noch klar machen. Wir sind es als Menschen gewohnt, mit unserem physischen Leib, vor allem mit den Händen, sinnvolle Bewegungen auszuführen. Wir bemerken dabei aber nicht, dass es etwa sieben Jahre gedauert hat, bevor wir als Kind anfangen konnten, mit unseren Händen tatsächlich sinnvolle Bewegungen, zum Bespiel beim Schreiben, auszuführen. Denn ein Säugling kann seine Arme und Hände zwar bewegen, aber keinesfalls in sinnvoll geführter Art. Das muss das Kind durch andauernde Übung erst erlernen.

Dasselbe gilt nun für die ätherische Welt und unseren Ätherleib. Diesen gebrauchen wir im Leben nur unbewusst, denn seine regenerierende Tätigkeit vollzieht sich überwiegend im Schlaf und in unserem Stoffwechsel-System, also ohne unser bewusstes Zutun. Eine bewusste Handhabung des Ätherleibes aber führt dazu, dass wir dadurch mit der ätherischen Welt in Beziehung treten und uns in ihr betätigen können. Das bedeutet, dass wir selbst beginnen, bewusst regenerativ, also Kräfte erzeugend, tätig zu werden. Als einzige Energiequelle benötigen wir dazu jedoch unsere Moralität.

Wie machen sich die verschiedenen Ätherkräfte bemerkbar und was bewirken sie genau?

Anhand eines der vier Führungsgeräte, dem Gerät für den Lebensäther, soll versucht werden, dessen Wirksamkeit zu beschreiben.

Beginnt man sich in dieses Führungsgerät zu vertiefen und es genauer wahrzunehmen, so stellen sich verschiedene Eindrücke ein. Zunächst sieht man diese Apparatur auf einem runden Kupferuntersatz stehen. Der Holzfuß ist aus Wacholderholz. Darüber befindet sich eine kleine Glaskonstruktion mit vier gerundeten Armen, in denen sich ein Vakuum befindet, das von einer kleinen Menge Pechblende und mit etwas Wachs abgeschlossen wird. Nach oben hin geht die Glaskonstruktion in einen schmalen Kelch über, der mit Wasser gefüllt ist. Dieser Kelch wird von einem kleinen Silberkreuz abgeschlossen, in dem sich ein Granat befindet. Um das Gerät herum wird von drei kleinen Glasständern ein Ring gehalten, der aus Antimon und Zinn gefertigt ist. Dieser wirkt zunächst massiv, ist aber in Wirklichkeit nicht so schwer, wie es den Anschein macht, er ist eher etwas zerbrechlich.

Je mehr man dieses Gerät betrachtet, mutet es einen wie eine

Abb. 5: Führungsgerät für den Lebensäther (Skizze von Sigrid Schenk)

Art von Kunstwerk an. Aber ein Kunstwerk, das erst im Betrachten zum Kunstwerk wird – in diesem Falle zu einer technischen Apparatur, die ihre Wirksamkeit im Betrachten zu entfalten beginnt. Worin aber besteht diese Wirksamkeit? Um diese erfahren zu können, bildet man als Vorübung innerlich zunächst eine wässrige Substanz und spürt dabei, wie dieses Wasser zwischen den eigenen Händen mit einer gewissen Leichte, also nicht Schwere, entsteht und über die Hände strömt. Hat man ein gewisses Gefühl für die Leichtigkeit dieses Wassers und seiner strömenden Eigenschaft erzeugt, kann man mit dem nächsten Schritt fortfahren.

Indem man im Betrachten mit der Apparatur im Sinne der im 5. und 6. Kapitel beschriebenen Übungen verschmilzt, stellt sich folgender Eindruck ein: Man stellt sich innerlich auf die Kupferschale und bildet den Sockel aus Wacholderholz. Indem man sich dann aufrichtet, beginnt man die Arme auszustrecken, aber nicht ganz, und spürt um sich herum den metallenen Reif aus Antimon und Zinn. Gleichzeitig spürt man den mit Wasser gefüllten Kelch und das Kreuz darauf mit dem Granat. Dieses empfindet man in Höhe des Felsenbeins, das sich innerhalb des Schädels befindet. Den Granat empfindet man am Ort der Hypophyse, also jener Drüse, die sich hinter der Nasenwurzel im inneren des Schädels und inmitten des Felsenbeins liegt.

Das Führungsgerät erweist sich also als eine Art Nachbildung physiologischer Zusammenhänge, deren ätherische Wirksamkeit man bei dieser Übung innerlich zu spüren beginnt. Daraufhin beginnt man nun das Wort *Wasser*, vom Granat aus, also vom Inneren des Kopfes nach unten zum Herzen strömen zu lassen und von dort aus durch die Arme zu den Händen. Das heißt, die Flüssigkeit im Führungsgerät durch das Vakuum der vier kleinen Arme hindurchströmen zu lassen. Dabei wird diese in ätherisierter Form in Höhe der Handgelenke von den beiden Pechblendestopfen wie durchvibriert, bevor sie über die Fingerspitzen zu dem metallenen Reif hin ausströmt und von dort aus nach innen zurück gepulst wird. Dabei beginnt man nun die Eigenschaften dieser Substanz wie eine Art *Wasser des Lebens* zu empfinden. Das Führungsgerät beginnt tatsächlich wie ein Mantram bei einer Meditation zu wirken.

Dieser hier beschriebene meditative Vorgang lässt sich natürlich nur mit dem originalen Lebensäther-Führungsgerät durchführen, nicht etwa anhand einer Zeichnung oder gar einem Foto desselben. Ist der Vorgang jedoch einmal nachvollzogen worden, kann er auch ohne das Führungsgerät innerlich aktiviert werden. Was aber ist dann die Wirkung dieses Prozesses?

Dazu mache man sich zunächst klar, womit wir es beim Lebensäther zu tun haben. Dieser liegt allen Vorgängen des Wachsens und Gedeihens, nicht nur im Pflanzen- und Tierreich, sondern auch im Menschen zugrunde. Beim Menschen aber überträgt dieser sich auch ins Seelische und in sein Handeln. Das heißt, auch bei der menschlichen Arbeit können die Dinge wachsen und gedeihen oder eben nicht. Und das ist auch der zunächst spürbare Effekt dieses meditativen Übens mit dem Lebensäther-Führungsgerät: Man bemerkt, dass bestimmte Dinge, die man bei seiner Arbeit zu verrichten hat, plötzlich wie verlebendigt und schöpferisch wirksam erscheinen. Man erlebt seine eigene Tätigkeit wie belebt und erfrischt! Das kann sich natürlich bei jedem Menschen völlig unterschiedlich zeigen, je nach der Art von beruflicher Tätigkeit, aber der Effekt einer Verlebendigung und Belebung stellt sich ziemlich bald ein.

Dieser Effekt kann sich natürlich im gewöhnlichen Leben auch dann einstellen, wenn man zum Beispiel nach einer anstrengenden Arbeitsperiode einen mehrwöchigen Urlaub macht und danach bei seiner Arbeit spürt, dass sich diese jetzt leichter und auch kreativer gestaltet. Man hat wieder Lust zu arbeiten, während man vor dem Urlaub völlig erschöpft und ermüdet war.

Das Lebensäther-Führungsgerät vermittelt einem also diese Art von Lebenskräften, allerdings nur, wenn man sie in der beschriebenen, meditativen Tätigkeit zu aktivieren in der Lage ist. Und das kann natürlich nicht sofort, sondern nur nach einer gewissen Eingewöhnungs- und Übungsphase geschehen. So wie man auch die *hygienische Eurythmie** als Laie nicht schon nach einer Übstunde anwenden kann, so muss auch der Umgang mit den Führungsgeräten und der Grundapparatur erst erlernt und eingeübt werden.

Indem man sich dabei als Mikrokosmos von diesen Prozessen durchdringen lässt, bemerkt man dann allmählich, wie sich der Mensch mit Hilfe dieser Apparatur und ihrer Führungsgeräte mit jenen makrokosmischen Vorgängen vertraut macht, die allem Lebendigen in vierfacher Weise zugrunde liegen. Die Führungsgeräte leiten einen dazu an, diese Prozesse innerlich tatsächlich nachbilden zu können.

Und man bekommt auch noch den folgenden Eindruck: Bei dem Lebensäther-Führungsgerät handelt es sich um Kräfte, die vor allem in der Landwirtschaft benötigt werden, also überall da, wo etwas Wachsen, Gedeihen und Reifen soll. Diese Vorgänge wurden in den *griechischen Mysterien* von *Ephesus* in Gestalt der Göttin *Demeter* und ihrer Tochter *Persephone* verehrt.**Indem man mit diesem Führungsgerät arbeitet, beginnt man, sich diesen Kräften erneut in einer Art verehrender Haltung zu nähern und dadurch mit ihnen vertraut zu werden, sodass sie sich schließlich bis in den Alltag hinein als wirksam erweisen können.

Aber warum soll man sich mit dieser komplizierten Apparatur beschäftigen, wenn es doch die *hygienische Eurythmie* gibt? Kann man mit dieser nicht dieselben Effekte in viel einfacherer Weise erreichen? Ja und Nein! Die *Eurythmie* wirkt sich im Allgemeinen mehr auf den einzelnen Menschen und seinen Leib aus, während sich die *moralische Technologie* vielmehr im Sozialen und insbesondere bei der menschlichen Arbeit als wirksam erweist. Kurz gesagt, man kann das Eine tun, und braucht deswegen das Andere nicht zu lassen!

Was also den Lebensäther betrifft, so kann durch das beschriebene Führungsgerät die eigene Arbeit belebt und bereichert werden. Der Koch wird fantasievoller und belebender kochen, der Schriftsteller mit neuen Ideen gesegnet und der Künstler kreativer arbeiten – jegliche berufliche Tätigkeit wird sich mithilfe der moralischen Technologie auf diese Weise beleben lassen.

Die drei anderen Führungsgeräte werden im Zusammenhang mit der Grundapparatur auf ihrem jeweiligen Gebiet das Entsprechende bewirken können:

— Das zum Chemischen Äther gehörige Gerät wird die sozialen Beziehungen beleben und alles, was mit Verbindungen und Bewegungen zusammenhängt, stärken.
— Das Gerät für den Lichtäther wird eine durchlichtende, erhellende Wirksamkeit entfalten, das heißt die eigenen Erkenntnisprozesse anregen und erleichtern.
— Das Gerät für den Wärmeäther wird sich hingegen erwärmend auf jegliche Tätigkeit auswirken können.

Auch wenn diese drei Geräte hier nicht ausführlicher darge-
stellt werden können, ergibt sich aus dem zuvor Gesagten das
Prinzip: Die Grundapparatur bildet sozusagen die Mutter des
Ganzen und ordnet und gliedert die sich durch die moralische
Aktivität des Menschen entfaltenden Kräfte. Während die
Führungsgeräte den Zugang zu dem jeweiligen Bereich des
Ätherischen eröffnen und die Ätherkräfte damit wirksam
werden lassen.

Nochmalige Verständigung über das Grundprinzip der moralischen Technologie

Zunächst könnte einem diese Art von Technologie wie Zau-
berei oder gar als Spinnerei erscheinen. Sie ist es aber nicht,
wenn man sich nochmals ganz genau klarmacht, worum es
hier eigentlich geht. Der Mensch benötigt zur Erhaltung seiner Arbeitskraft die Regeneration seiner Kräfte. Dies kann
nicht in der *Arbeitswelt* selbst, sondern nur in der davon ge-
trennten *Lebenswelt* des Menschen geschehen. Gewöhnlicher
Weise nennt der Mensch die dafür zur Verfügung stehende
Zeit seine *Freizeit*. Was aber tun die Menschen heute in ihrer
freien Zeit? Die meisten sitzen auch außerhalb ihrer Arbeits-
zeit am Bildschirm oder beschäftigen sich mit ihrem Smartphone, indem sie in den sozialen Netzwerken kommunizie-
ren, sich Videos ansehen oder Blognachrichten lesen etc. Alle
diese Bildschirmtätigkeiten sind aber mitnichten regenerativ
wirksam, im Gegenteil, sie haben dieselbe abbauende Wirkung wie jede andere Bildschirmarbeit – ja, diese Tätigkeiten
stellen de facto eine unbemerkte Form von Arbeit dar, nämlich für die Digitalindustrie, wie wir im 4. Kapitel ausführlich
dargestellt haben.

Die moralische Technologie versucht diesem digitalen Komplex nun etwas tatsächlich regenerativ Wirksames entgegenzusetzen. Durch die Entwicklung seiner moralischen Fähigkeiten, wie wir sie im 5. und 6. Kapitel beschrieben haben, kann der Mensch mit Hilfe dieser Technologie die eigentlichen regenerativen Kräfte, die sich wie die vier irdischen Elemente in einer Vierheit darstellen, zur Wirksamkeit bringen und seine Arbeitskräfte dadurch in eindrucksvoller Weise stärken und beleben.

Wie wirkt sich die Strader-Technologie auf die Natur aus?

Hat diese *moralische Technologie* nun aber auch Konsequenzen für unseren Umgang mit der Natur, und wie wirkt sie sich auf die Natur aus? Hierzu muss zunächst gesagt werden, dass alles, was bisher über die Anwendung der moralischen Technologie gesagt werden kann, sich noch in einem Versuchsstadium befindet, denn *strader:tech* hat ja erst 2020 damit begonnen, diese Apparatur zu rekonstruieren und weiter zu entwickeln. Im Rahmen der Kurse und Arbeitskreise, die *strader:tech* seither anbietet, können solche Erfahrungen, wie die oben beschriebenen, gemacht werden.

Nun muss aber im Hinblick auf die Wirkungen gesagt werden, dass es sich hierbei ähnlich verhält wie bei den meditativen Übungen, die wir im 5. und 6. Kapitel beschrieben haben. Es kann dabei nicht darum gehen, eine bestimmte Wirkung als Zweck einer Übung erzielen zu wollen. Zum Beispiel: Ein Meditant möchte gerne hellsichtig werden und beginnt nun die von Rudolf Steiner empfohlenen Übungen zu machen. Die erwünschte Wirkung stellt sich aber leider nicht ein. Der Meditant bemerkt jedoch nicht, dass sich die Wirkung seiner Übungen in ganz anderer Weise zeigt, als er es erwartet hatte.

Zum Beispiel darin, dass er für bestimmte Vorgänge in seiner Umgebung sensibler geworden ist. Weil seine Vorstellung durch den Wunsch, hellsichtig zu werden, zu sehr auf ein bestimmtes Ergebnis hin fixiert war, wird die eigentliche Wirksamkeit seiner Übungen übersehen.

Ähnlich verhält es sich auch bei der Strader-Apparatur. Möchte man mit ihrer Hilfe zum Beispiel die eigene Wahrnehmungsfähigkeit für das Ätherische in seiner natürlichen Umgebung gezielt verstärken, wird sich die erhoffte Wirkung vermutlich nicht einfach einstellen. Vielmehr wird sich die Wirksamkeit darin zeigen, dass man für bestimmte Prozesse in seiner Umgebung sensibler wird.

So kann es sein, dass man zum Beispiel im Hinblick auf den chemischen Äther folgende Beobachtung macht: Der chemische Äther hat es ja mit dem Wässrigen in der Natur zu tun. Überall da, wo Wasser strömt, kann er sich entfalten. Es kann beispielsweise in einer kleinen Stadt, die von mehreren kleinen Flüssen durchströmt wird, deren Quellen sich zudem in der Nähe dieses Ortes befinden, beobachtet werden, dass sich an diesem Ort ungewöhnlich viele Künstler und kulturell engagierte Menschen befinden. Fast an jeder Ecke gibt es ein Kunststudio, ein Yogazentrum oder ein Kulturzentrum, in dem Vorträge und Seminare stattfinden. Der ganze Ort wirkt spirituell belebt. Dabei zeigt sich, dass die verschiedenen Kulturträger der kleinen Stadt sich untereinander gut kennen und gegenseitig unterstützen. Der Chemische Äther wirkt über das Wasser in der Umgebung spirituell anregend und die Beziehungen unter den Menschen belebend. Mit Hilfe der Strader-Apparatur und des Führungsgerätes für den Chemischen Äther können diese Wirkungen nun bewusster wahrgenommen und weiter gepflegt werden. Ähnliches gilt auch für die anderen Ätherarten.

In welcher Weise nun aber die Naturwesen, also die elementarischen Wesenheiten an dieser Wirksamkeit teilhaben, kann bisher nur vermutet werden, muss also durch entsprechende Versuche noch genauer untersucht werden. Es ist aber davon auszugehen, dass diese elementarischen Wesenheiten durch die Wirksamkeit der Strader-Apparatur eine Art von *Befreiung* erleben werden. Denn der mit der Apparatur sich beschäftigende Mensch nimmt diesen Wesenheiten quasi einen Teil ihrer Arbeit ab. Sie können sich dadurch erstmalig in gewisser Weise erholen und regenerieren, weil der Mensch mit Hilfe dieser Apparatur beginnt, seine ihm ursprünglich zugedachte Aufgabe, nämlich die *Intelligenz des Planeten* zu bilden, anfängt tatsächlich selbstständig zu übernehmen! Diese Wandlung werden die Naturgeister dem Menschen danken!

Natürlich wäre zu diesem Thema, vor allem im Bereich der Biologisch-dynamischen Landwirtschaft, noch sehr viel mehr zu sagen.* Auch entsteht bei der Anwendung der moralischen Technologie die Frage, ob sich diese auch zu therapeutischen Zwecken einsetzen ließe, wobei der Therapeut der Anwender wäre und der Patient der Empfänger neuer Lebenskräfte. Wir beschränken uns hier jedoch zunächst einmal auf einen Ausblick, um damit die weitere Arbeit in diesen Bereichen anzuregen und zu befruchten.

Abschließend sollte aber auch darauf hingewiesen werden, dass die hier beschriebene und von Rudolf Steiner vor über 100 Jahren angeregte Technologie nur eine Art von Prototyp für alles, was an *moralischer Technologie* in Zukunft noch entwickelt werden könnte, darstellt. Denn selbstverständlich sind auch noch ganz andere Apparaturen als die hier beschriebenen denkbar. Die Strader-Apparatur kann als ein Vorbild angesehen werden, das sich aber auf unterschiedlichste Weise, abhängig von den jeweiligen Entwicklern und deren Lebensumständen, weiter entwickeln lässt.

Mit der Strader-Apparatur sollte hier lediglich das Prinzip einer moralischen Technologie beschrieben werden, die in Zukunft also auch ganz anders aussehen könnte.* So sind beispielsweise Apparaturen denkbar, die nicht nur in den eigenen Wohnräumen, sondern in öffentlichen Gebäuden aufgestellt und kollektiv genutzt werden könnten. Die Beschäftigung mit der Strader-Technologie wird zu allen Weiterentwicklungen aber eine gute Grundlage bilden, weil an ihr die Grundprinzipien einer das Leben fördernden moralisch angetriebenen Technologie sehr gut studiert und erlernt werden können.

Schlusswort

Damit sind wir nun am Ende unserer Betrachtungen über *Die Intelligenz des Planeten* angekommen. Wir haben gesehen, wie es heute tatsächlich möglich ist, nicht nur das zerstörerische Verhältnis des Menschen zur Natur und seine Getrenntheit von ihr in ein positives, Lebenskräfte förderndes Verbundensein zu verwandeln, sondern auch das Verhältnis des Menschen zur Technik in ein Energie spendendes, lebensweltliches Tätigsein.

Dabei geht es wie gesagt nicht darum, die bisherige Technologie, heute vor allem die Entwicklung der künstlichen Intelligenz, aufzuheben oder gar abzuschaffen. Vielmehr geht es darum, der bisherigen Art von Technologie, die es im Zusammenhang mit der Elektrizität und dem Magnetismus immer nur mit der *Unternatur* zu tun hat, eine neue Art von Technologie gegenüberzustellen, durch die der Mensch beginnen kann, mit der Übernatur in Verbindung zu treten.

Die gemeinsame Evolution von Erde und Menschheit wird in Zukunft durch die beschriebene Weiterentwicklung der Moralität und ihre Anwendung in Form einer *moralischen Technologie* tatsächlich in eine neue Phase ihrer Entwicklung eintreten können. Denn der Mensch wird sich dadurch der Natur gegenüber nicht mehr als Ausbeuter oder Zerstörer, sondern als Mitgestalter und als ein liebevoll Erkennender verhalten. Er kann sich zum Mitgestalter der Zukunft und damit zur realen *Intelligenz des Planeten* erheben, anstatt diese Intelligenz dem *Dämon des Planeten* zu überlassen. Es liegt an jedem Einzelnen von uns, in welche Richtung sich diese *Zukunft des Planeten* entwickeln wird. Das vorliegende Buch sollte jedenfalls deutlich werden lassen, dass es sich lohnt, unabhängig von den Untergangsszenarien der Klimaschutz-Bewegung, nach neuen Wegen für diese Zukunft zu suchen.

DANKSAGUNG

Die Anregung dieses Buch zu schreiben erhielt ich durch die Einladung zu einem Vortrag im Basler Paracelsus-Zweig, der den Untertitel dieses Buches zum Thema hatte. Ich danke *Marcus Schneider* herzlich für diese Einladung. Weitere Vorträge bzw. Seminare zum Thema des Buches konnte ich aufgrund der Einladungen von *Simon Luke Breslaw* zu einer Tagung nach London, *Karin und Bernhard Jarman* zu einer Tagung nach Stroud in Westengland, von *Karin Simon* zum Rudolf Steiner-Zweig in Osnabrück, *Thomas Bur* zum Michael-Zweig in Zürich und *Rita Balmer* zum Johannes-Zweig in Bern sowie von *Claudia Klepper* nach Dietarmszell halten. Ihnen allen sei dafür herzlich gedankt.

Jan-Gabriel Niedermeier und *Esther Böttcher* danke ich herzlich für das Gegenlesen des 7. Kapitels sowie für die zahlreichen Anregungen zur Entwicklung der moralischen Technologie in einem gemeinsamen Arbeitskreis zu den Strader-Apparaturen. Besonders danken möchte ich *Monika Blanz*, die das Manuskript sehr gründlich korrekturgelesen hat, sowie *Dieter Deichmann* für das Gegenlesen des Manuskriptes und Konstanze Kuhla (SchneiderDesign) für das sorgfältige Layout des Buches. Meiner Frau *Laurence Godard* danke ich für ihre tägliche Ermutigung und ihre treue Unterstützung meiner Arbeit.

Schlussendlich danke ich meinem Lehrer *Rudolf Steiner*, dessen Vorträge und Schriften mir wie bei allen meinen Büchern eine unerschöpfliche und immer wieder neue Inspirationsquelle sind und dessen Andenken dieses Buch gewidmet ist.

ANMERKUNGEN

Zu Seite 8

* Zur Corona-Krise hat der Verfasser gemeinsam mit einigen anderen Autoren eine Reihe von Büchern veröffentlicht, in denen das sich wandelnde Verhältnis von Mensch und Erde, um das es in diesem Buch hauptsächlich gehen wird, bereits ausführlicher beschrieben worden ist. In dem vom Verfasser herausgegebenen Buch *Corona und die Überwindung der Getrenntheit,* Stuttgart 2020, macht der amerikanische, ökologisch orientierte Kulturphilosoph und Buchautor *Charles Eisenstein* in seinem Beitrag *Die Krönung* auf die Möglichkeiten einer Überwindung der Getrenntheit aufmerksam. Der Verfasser hat im selben Band ebenfalls einen Beitrag zu diesem Thema geschrieben.

Zu Seite 10

* Es gibt eine Fülle an kritischer Literatur zur Künstlichen Intelligenz, auf die wir weiter unten noch zurückkommen werden. Hier sei zunächst eine aktuelle Publikation genannt: *Kate Crawford, Atlas der KI,* München 2024. In ihrem Buch geht Kate Crawford vor allem auf die massiven ökologischen und sozialen Schäden durch die Entwicklung der Künstlichen Intelligenz ausführlich ein und zeigt, dass dadurch die Bemühungen der ökologischen Bewegung, die sich um den Erhalt der Erde bemüht, aber auch alle sozialen Bemühungen um humane Arbeitsbedingungen und faire Bezahlung in extremer Weise in Frage gestellt werden. Wir werden darauf weiter unten noch genauer eingehen.

Zu Seite 12

* Der von *Paul Crutzen* im Jahr 2000 erstmals zur Diskussion gestellte Ausdruck des „Anthropozäns" wurde seither in geologischen Forschungszusammenhängen immer wieder diskutiert, 2024 jedoch von der *International Comission of Stratigraphy* (ICS) abgelehnt. Mithin bleibt dieser Ausdruck ein Entwurf für eine neue Betrachtungsweise der Evolution der Erde. Vgl. dazu auch den ausführlichen Artikel in *Wikipedia.*

** Die Meeresbiologin *Rahel Carson* war mit ihrem Protest gegen die Verseuchung der Erde durch Pestizide wie DDT in ihrem Buch von 1962, *The silent spring,* zu Deutsch *Der stumme Frühling,* München 2019, die eigentliche Auslöserin der heutigen ökologischen und Umweltbewegung. Zu den Begründern dieser Bewegung gehörte außerdem der amerikanische Forstwirt *Aldo Leopold,* dessen ökologische Einsichten der schrankenlosen Abholzung der Wälder Einhalt geboten. Mit seinem 1968 erschienenen Essay *Thinking like a mountain,* auf Deutsch enthalten in: Aldo Leopold, *Ein Jahr im Sand County,* Berlin 2019, machte er weltweit auf die Notwendigkeit des Umweltschutzes aufmerksam. Den radikalen Umweltschutz bis hin zu gewalttätigen Aktionen hat schließlich *Edward Abbey* begründet, der ebenfalls 1968 durch seine mit sarkastischen Kommentaren auf die Tourismusindustrie und die nationale Parkverwaltung gewürzten Darstellung *Die Einsamkeit der Wüste. Eine Zeit in der Wildnis,* deutsche Übersetzung Berlin 2016, bekannt wurde.

*** Auf die Grenzen des Wachstums hat 1972 der sogenannte *Club of Rome* hingewiesen: Dennis Meadows et. al, *Grenzen des Wachstums. Bericht des Club of Rome zur Lage der Menschheit,* Hamburg 1973. Vgl. dazu auch Ernst Ulrich von Weizsäcker, *Wir sind dran. Club of Rome: Der große Bericht: Was wir ändern müssen, wenn wir bleiben wollen,* Gütersloh 2017.

Zu Seite 13

* Zum Artensterben gibt es eine Fülle von Literatur. Erwähnt sei hier nur das Manifest *Wann wenn nicht wir! Ein Extinction Rebellion Handbuch,* Frankfurt M. 2019 sowie Richard Leakey, Roger Lewin, *Die sechste Auslöschung. Lebensvielfalt und die Zukunft der Menschheit,* Frankfurt M. 1996. Das gegenwärtige Artensterben und der gleichzeitige Klimawandel unterscheiden sich von früheren, angeblich „zufälligen" evolutionären Erscheinungen dadurch, dass sowohl das Artensterben wie der Klimawandel als anthropogen bezeichnet werden können. Die 2018 entstandene, von England ausgehende „Extinction Rebellion"- Bewegung, hat neben der Klimaerwärmung vor allem die Vernichtung der Biodiversität und das Artensterben, die von einer Wissenschaftlerkonferenz der UNO Anfang Mai 2019 in Paris als noch bedrohlicher für das Leben auf der Erde als der Klimawandel bezeichnet wurden, ins Auge gefasst.

** Auf diese ökologischen Zusammenhänge und die Folgen rücksichtsloser Natur- und Umweltzerstörung hat als erster bereits im 19. Jahrhundert *Alexander von Humboldt* aufmerksam gemacht. Er war es, der durch seine Beobachtungsgabe und seine weltweiten Forschungsreisen auf die ökologischen Zusammenhänge unseres Planeten aufmerksam wurde, die er zusammenfassend in seinem Hauptwerk, dem seit 1845 bis zu seinem Tode 1859 herausgegebenen *Kosmos,* beschrieben hat, wofür ihn alle Welt, insbesondere aber auch Goethe bewunderte. Humboldts Hauptwerk *Kosmos,* das ursprünglich in fünf Bänden erschien, ist 2004 (2. Auflage, Berlin 2014) in einem Folioband der *Anderen Bibliothek* neu herausgeben worden. Vgl. dazu auch die ausgezeichnete Biografie von Andrea Wulf, *Alexander von Humboldt,* München 2018. Die Bezeichnung von Humboldts Wissenschaft als „Ökologie" stammt übrigens von *Ernst Haeckel,* der diesen Ausdruck in seiner 1866 erschienenen *Generellen Morphologie der Organismen* verwendete.

*** Bekannt wurden der Klimawandel und seine ökologischen Folgen vor allem durch die von dem amerikanischen Klimaforscher *James Lovelock* und seiner Kollegin *Lynn Margulis* entwickelte *Gaia-Theorie,* die die Erde als einen in sich zusammenhängenden Organismus beschreibt. Vgl. dazu James Lovelock, *Gaia – a new Look on Life on Earth,* London 1979; Deutsch: *Unsere Erde wird überleben. Gaia: eine optimistische Ökologie,* München 1982 sowie Lynn Margulis, *Der symbiotische Planet. Wie die Evolution wirklich verlief,* Frankfurt M. 2017 und Lynn Margulis und Dorion Sagan, *What is Life?,* Berkeley 1995.

**** Zum vermeintlichen Konsens der Klimaforschung vgl. das auf der Webseite www.scientists4future.org verfügbare The Consensus Handbook. *Why the scientific consensus on climate change is important.*

Zu Seite 14

* Über das Erleben und die Überwindung der „Getrenntheit" hat der oben bereits zitierte *Charles Eisenstein* in mehreren Publikationen ausführlich geschrieben, z.B. in *Die schönere Welt, die unser Herz kennt, ist möglich,* Berlin 2014. Diese Perspektive entwickelt er auch in seinem Buch zur Klimakrise: *Klima – eine neue Perspektive,* Berlin 2019. Zu seinen gegenwärtigen Projekten siehe auch seine Webseite: www.charleseisenstein.org . Eisenstein sieht die Evolution von Erde und Menschheit sehr ähnlich wie die Anthroposophie Rudolf Steiners als eine gemeinsame Evolution an. Er begreift den Menschen als einen wesentlichen Teil des Kosmos, der nur in und durch seine Beziehung zu diesem Kosmos existiere.

Folglich beruhe die Herrschaft über die Natur auf einer Illusion.

Zu Seite 15

* Rudolf Steiner hat die Evolution von Mensch und Erde am ausführlichsten in seinem 1909 erschienenen Hauptwerk *Die Geheimwissenschaft im Umriss,* 32. Auflage Basel 2021, dargestellt. In diesem Buch erläutert er auch seine geisteswissenschaftliche Methode, durch die er zu seinen Forschungsergebnissen gekommen ist und begründet außerdem, warum es sich bei seiner Anthroposophie um eine Wissenschaft handelt, deren Ergebnisse sich für jeden Menschen, auch wenn er über keine hellsichtigen Fähigkeiten verfügt, überprüfen lassen.

** Einen genaueren Einblick in diese Art der Evolution gibt *Christoph Hueck* in seinem Buch *Die Evolution im Doppelstrom der Zeit,* 2. Auflage Stuttgart 2024. Christoph Hueck hat 2015 gemeinsam mit dem Verfasser und weiteren Kollegen die *Akanthos Akademie für anthroposophische Forschung und Entwicklung* begründet, in deren Edition auch das vorliegende Buch erschienen ist. Siehe dazu die Webseite www.akanthos-akademie.de.

Zu Seite 16

* Zum evolutionären Verständnis der Hand: Frank R. Wilson, *Die Hand – Geniestreich der Evolution,* 3. Auflage, Stuttgart 2000.

Zu Seite 17

* Von der geologischen Seite hat der anthroposophische Geologe *Dankmar Bosse* in seinem Buch *Die gemeinsame Evolution von Erde und Mensch. Entwurf einer Geologie und Paläontologie der lebendigen Erde,* Stuttgart 2002, eine sehr ausführliche Dar-

stellung der gemeinsamen Evolution von Erde und Mensch aus anthroposophischer Sicht gegeben.

Zu Seite 18

* Zur Heilpflanzenkunde gibt es eine sehr umfangreiche Literatur aus den verschiedensten Richtungen der Naturmedizin. Aus dem Bereich der anthroposophischen Medizin seien hier exemplarisch genannt: Werner Christian Simonis, *Heilpflanzen und Mysterienpflanzen. Medizinisch-botanische Wesensdarstellungen,* 3 Bände in einem Band, Wiesbaden 2001 sowie Wilhelm Pelikan, *Heilpflanzenkunde,* 3 Bände, Dornach 1988.

Wer sich mit den Heilpflanzen und ihrer Botanik in der Natur eingehender beschäftigen möchte, dem sei die allgemein zugängliche Seminarwoche *Wege zur Heilpflanze,* die die beiden Botaniker *Jan-Albert Rispens* und *Sonja Schürger* jährlich in den Karawanken durchführen, ans Herz gelegt. Näher Informationen unter www.anthrobotanik.eu.

Zu Seite 21

* Sehr eindrücklich hat der Sozialpsychologe *Erich Fromm* diesen Entstehungsmoment des modernen Freiheitsbewusstseins und die damit einher gehende Verunsicherung in seinem sehr lesenswerten Buch *Die Furcht vor der Freiheit* (1941), 28. Auflage, München 1993, beschrieben.

** Die mit dem Bewusstsein einer unbegrenzt verfügbaren Natur einher gehende grundsätzliche Problematik hat der Soziologe *Hartmut Rosa* in seinem ebenfalls sehr lesenswerten Buch *Unverfügbarkeit,* Salzburg 2021, eindringlich dargestellt und dem naturwissenschaftlichen Herrschaftsdenken dabei das Prinzip der Unverfügbarkeit entgegen gestellt.

*** Die Grundgedanken seiner Philosophie hat Francis Bacon in seinem 1620 erschienenen *Novum Organum* und in seiner 1621 erschienenen Utopie *Nova Atlantis* dargestellt. Beide Werke hatten einen bis heute reichenden grundlegenden Einfluss auf die seither entstandene moderne Naturwissenschaft. Wer sich für Bacons Philosophie näher interessiert, dem sei das Kapitel über Francis Bacon in Rudolf Steiners *Die Rätsel der Philosophie* (1914), 10. Auflage, Basel 2023, zur Lektüre empfohlen.

Zu Seite 25

* Zum Prinzip des Ökozentrismus gibt es heute eine umfangreiche Literatur. Als ein Beispiel sei hier ein Buch von *Fred Hageneder* genannt: *Happy Planet. Jetzt handeln für eine glückliche Erde*, Saarbrücken 2019.

Das Prinzip des Ökozentrismus vertritt heute insbesondere auch der äußerst einflussreiche Historiker und Weltbestseller-Autor *Yuval Noah Harari* in seinen drei Büchern zur Evolution des Menschen. Siehe dazu die Kritik des Verfassers in: *Digitale Zukunft. Kritische Betrachtungen zur digitalen Transformation und wie wir ihr wirksam begegnen können*, Stuttgart, 3. Auflage 2019.

** Die grundlegenden Ideen der heutigen Nachhaltigkeitsbewegung hat einer ihrer Vordenker, der schwedische Resilienzforscher *Johan Rokström* in seinem Buch *Big World – Small Planet. Wie wir die Zukunft unseres Planeten gestalten*, Berlin 2016, ausführlich beschrieben. Seine darin enthaltene, bereits 2009 veröffentlichte Darstellung der *Planetray Boundaries,* der neun Belastungsgrenzen unseres Planeten, hat sich bis in die internationale europäische Gesetzgebung so ausgewirkt, dass vor allem im Bereich der Landwirtschaft und der Nahrungsmittelproduktion die Prinzipien der Nachhaltigkeit berücksichtigt werden müssen. Das von Rokström aufgestellte Rahmenwerk gilt heute vom Klima bis zur biologischen Artenvielfalt als grundlegend für die Aufrechterhaltung eines sicheren

Handlungsraums der Menschheit, durch den auch der Erhalt unseres Planeten geschützt wird.

Zu Seite 26

* Als Beispiel für die Pflanzenwelt seien hier die zahlreichen in den letzten zehn Jahren erschienenen Bücher über das intelligente Wesen der Bäume und des Waldes von *Peter Wohlleben* erwähnt. Die Intelligenz der Tierwelt ist dagegen schon seit über 100 Jahren ein Thema und wurde in zahlreichen Büchern und Filmdokumentationen dargestellt. Als jüngstes Beispiel seien hier die zahlreichen in der Buchreihe *Naturkunden* von *Judith Schalansky* herausgegeben Monographien zu einzelnen Tierarten genannt.

Zu Seite 27

* Diese Problematik findet sich, um nur ein Beispiel zu nehmen, auch bei der weltbekannten Klimaaktivistin *Naomi Klein*, die in ihren Werken zum Klimawandel, z.B. in *Die Entscheidung. Kapitalismus vs. Klima*, Frankfurt M. 2016 sich für einen radikalen Wandel des kapitalistischen Systems einsetzt, nicht aber für einen Wandel des materialistischen naturwissenschaftlichen Denkens selber.

Zu Seite 29

* Rudolf Steiner hat den Gedanken von *Reinkarnation und Karma* bzw. *Wiederverkörperung und Schicksal* in seinen Grundwerken *Theosophie* und *Die Geheimwissenschaft im Umriss* jeweils in einem eigenen Kapitel ausführlich beschrieben und wissenschaftlich begründet. In dem Aufsatz *Reinkarnation und Karma, vom Standpunkt der modernen Naturwissenschaft notwendige Vorstellungen* hat er diese Begründung nochmals ausführlicher dargestellt. Dieser Aufsatz ist auch als Einzelausgabe erhältlich und zuletzt 2008 erschienen.

Zu Seite 30

* Der bekannteste Gegner der Anthroposophie und des Karma- und Reinkarnationsgedankens ist der Theologe *Helmut Zander*, der seine Gegnerschaft in mehreren umfangreichen Schriften versucht hat, wissenschaftlich zu begründen. Am deutlichsten hat er diese Gegnerschaft in seinem opus magnum *Anthroposophie in Deutschland: Theosophische Weltanschauung und gesellschaftliche Praxis 1894 – 1945,* Göttingen 2008, dargestellt. Allerdings sind ihm dabei bewusst oder unbewusst zahllose Fehler unterlaufen bis hin zu krassen Unwahrheiten. Diese Fehler und Unwahrheiten wurden von wissenschaftlicher Seite sowohl von *Lorenzo Ravagli* in seinem Buch *Zanders Erzählungen,* Berlin 2009, wie auch vom Herausgeber der kritischen Rudolf Steiner Ausgabe (SKA) *Christian Clement* in mehreren Bänden der SKA nachgewiesen. Zander hatte seine Ablehnung des Reinkarnations- und Karmagedankens in dem schon zuvor erschienenen Buch *Reinkarnation und Christentum. Rudolf Steiners Theorie der Wiederverkörperung im Dialog mit der Theologie,* Paderborn 1995 theologisch ausführlich begründet.

** Rudolf Steiner begründet die Reinkarnation in den oben genannten Schriften jedoch nicht nur wie der Buddhismus durch den Karmagedanken und die Notwendigkeit des Ausgleichs von eigenen Schulden, sondern er leitet die Reinkarnation im Anschluss an die Evolutionslehre aus dem *Entwicklungsgedanken* ab. So wie sich bei den Tieren durch die Fortpflanzung und Vererbung die jeweilige Tierart fortpflanzt, so pflanzt sich zwar auch der Mensch fort. Der Mensch verfügt aber anders als die Tiere nicht nur über Leib und Seele, sondern auch über das geistige Wesensglied des Ich. Das Ich wird jedoch nicht auf dem Wege der Fortpflanzung vererbt, sondern es entwickelt sich eben durch die Wiederverkörperung weiter. Durch das Ich ist jeder Mensch also eine *Gattung* für sich. Man kann daher auch sagen, dass aus anthroposophischer Perspektive die Seele bzw. der *Astralleib* mit dem Gesetz des *Karma* verbunden ist, der Geist bzw. das *Ich* mit dem Prinzip der *Wiederverkörperung.*

Zu Seite 31

* Die hier erwähnte Unterscheidung von subjektiven und objektiven Schulden und die Sündenvergebung durch den Christus hat Rudolf Steiner 1914 in drei Vorträgen in Norköpping/Schweden ausführlich dargestellt. Sie finden sich in dem Band *Christus und die menschliche Seele,* GA 155, Dornach 1994. Und als ein Beispiel dafür, dass der Christus die objektiven Schulden der Erde übernimmt, schildert Rudolf Steiner die Szene aus dem 8. Kapitel des Johannesevangeliums, in der der Christus der *Ehebrecherin* gegenübergestellt wird. Als die Pharisäer und Schriftgelehrten ihn nun danach fragen, wie er mit ihrer Schuld denn umgehen würde, schweigt er und schreibt stattdessen mit dem Finger auf die Erde. Dieses Schreiben auf die Erde deutet Rudolf Steiner in dem Sinne, dass der Christus eben mit der Erde verbunden ist und deshalb die der Erde zugefügten Sünden übernimmt.

Zu Seite 32

* Das Erstaunliche an diesem Interview ist, dass Greta Thunberg genau 100 Jahre nach den erwähnten Vorträgen in Schweden eben jene von Rudolf Steiner in Norköpping beschriebenen objektiven Schulden der Menschheit als so belastend empfunden hat, dass sie aus diesem sie stark belastenden Gefühl heraus die weltweit wirksame Klimaprotestbewegung der Jugend in Gang gesetzt hat. Wobei sich dieser Protest jedoch ausschließlich gegen den CO_2-Ausstoß der Menschheit richtet, ohne nach den tieferen Ursachen der ökologischen Problematik und des Klimawandels zu fragen. Dadurch wird

jedoch der Blick auf die von Rudolf Steiner in Schweden dargestellte Christus-Wirksamkeit in unbewusster Form verstellt. Ob Greta Thunberg möglicherweise gerade deswegen von politischer Seite, vor allem durch das *World Economic Forum* (WEF), zu einer der wirksamsten Jugendikonen der Gegenwart instrumentalisiert worden ist, sei hier nur hypothetisch als Frage formuliert.

Dass der Klimawandel ähnlich wie die Corona-Pandemie insbesondere von links-grün orientierten Kreisen durch eine Politik der Panikmache auch dazu genutzt wird, politische Machtverhältnisse durch gezielte Lobbyarbeit zugunsten einer Art von Ökodiktatur zu verschieben, steht auf einem anderen Blatt. Diese bedenkliche Entwicklung können wir jedoch in unserem Zusammenhang nicht weiter untersuchen. Zur Corona-Politik und ihrer Aufarbeitung hat der Verfasser jedoch eine dreiteilige Artikelserie in der Zeitschrift *Die Drei,* Heft 3,4 und 5 2024 veröffentlicht, in der die wesentlichen Elemente einer Politik der Panik, wie sie in der Corona-Krise insbesondere von der Deutschen Bundesregierung verfolgt wurde, dargestellt sind. Zur Panikmache der links-grünen Bundesregierung in Sachen Klimawandel hat die ehemalige Bundesfamilienministerin *Kristina Schröder* in der Tageszeitung *Die Welt* am 11.11.2024 anlässlich der UN-Weltklimakonferenz in Aserbaidschan einen lesenswerten Kommentar verfasst: https://www.welt.de/debatte/kommentare/plus254405362/Klimakonferenz-Warum-wir-rationale-Entscheidungen-statt-Apokalypsen-Rhetorik-brauchen.html?cid=socialmedia.email.sharebutton

Zu Seite 33

* Warum die elektrische Energie als solche problematisch ist und welche Alternativen es zu dieser Energieform gibt, werden wir im letzten Kapitel noch ausführlich behandeln.

Zu Seite 34

* Das Interview mit Luisa Neubauer kann hier im Wortlaut nachgelesen werden: https://www.deutschlandfunk.de/interview-der-woche-klimschutzaktivistin-luisa-neubauer-100.html

Zu Seite 35

* Einer der bekanntesten Unterstützer von *Donald Trump* ist der *Tesla*-Begründer *Elon Musk,* auf den wir im nächsten Kapitel noch ausführlich zu sprechen kommen werden.

** Zum Thema der Gewissensbildung hat *Michaela Glöckler* ein sehr lesenswertes Buch verfasst: *Das Herz als Ort des Gewissens,* Stuttgart 2022, in dem sie die zur Gewissensbildung notwendigen Prozesse als mit dem Herzen und der Physiologie des Herzens in Verbindung stehend beschreibt.

Zu Seite 36

* Über die nachfolgende Darstellung hat Rudolf Steiner in einem Vortrag am 11. Januar 1924 gesprochen, der in dem Band *Mysterienstätten des Mittelalters,* GA 233a, Basel 2013, enthalten ist. Dort beschreibt er die ursprüngliche *Intelligenz des Planeten* sowie den *Sündenfall* und seine Folgen mit den Worten des Renaissance-Gelehrten *Agrippa von Nettesheim* (1486 – 1535), gliedert diese dabei aber seiner eigenen Anschauung ein.

** Unser Wort *Technik* stammt von dem griechischen Wort *techné,* was so viel heißt wie *Kunst* oder *Kunstfertigkeit.*

Zu Seite 37

* Den Ausdruck *Dämon des Planeten* verwendet Rudolf Steiner in dem oben genannten Vortrag im Sinne von *Agrippa von Nettesheim,* der jedem Planeten nicht nur eine *Intelligenz,* son-

dern auch einen *Dämon* zugeschrieben hat. Vgl. dazu *Heinrich Cornelius Agrippa von Nettesheim, Die magischen Werke,* 3. Auflage, Wiesbaden 1988.

Zu Seite 38

* Das Zitat aus dem Galaterbrief ist nebenbei bemerkt das von Rudolf Steiner am häufigsten gebrauchte Zitat aus dem Neuen Testament. Rudolf Steiner hat sich diese Haltung ganz offensichtlich ab einem bestimmten Zeitpunkt seines Lebens zu Eigen gemacht. Diese Haltung Rudolf Steiners hat der Verfasser in seinem Buch *Bodhisattvaweg und Imitatio Christi im Lebensgang Rudolf Steiners,* Stuttgart 2020 ausführlicher dargestellt und begründet.

Zu Seite 39

* Auf die hiermit angedeuteten Zusammenhänge der zunehmenden Macht *Ahrimans* ist Rudolf Steiner besonders eindringlich in seinem letzten Werk *Anthroposophische Leitsätze. Der Erkenntnisweg der Anthroposophie. Das Michael-Mysterium,* GA 26, Dornach 2024, in den sogenannten *Michael-Briefen* eingegangen. Im letzten dieser Briefe, der den Titel *Von der Natur zur Unternatur* trägt, beschreibt er die Auseinandersetzung mit *Ahriman* und der mit ihm verbundenen, durch die Elektrizität entstandenen Technik, als die zentrale Zukunftsaufgabe der Menschheit.

Der Verfasser hat dazu eine ganze Reihe von Büchern veröffentlicht. Genannt seien hier vor allem *Der Mensch zwischen Über- und Unternatur,* 2. Auflage, Stuttgart 2022 sowie die Edition von Vorträgen Rudolf Steiners zu diesem Thema unter dem Titel *Der elektronische Doppelgänger,* 4. Auflage, Basel 2020.

Zu Seite 40

* Ein eindrucksvolles Bild von diesem Fortschritt hat die türkische, in London lebende Autorin *Elif Shafak* in ihrem neuesten, äußerst lesenswerten Roman *Am Himmel, die Flüsse,* München 2024, anhand von zwei im 19. und im 21. Jahrhundert an der Themse in London lebenden Protagonisten beschrieben.

Zu Seite 41

* In dem auf Seite 9 bereits erwähnten Buch *Big world – small planet,* hat *Johan Rokström* dargestellt, wie es der Menschheit durch Berücksichtigung der *nine planetary boundaries* gelingen kann, auf diesem Planeten weiterhin in einem gewissen Wohlstand zu leben, ohne diesen dabei zu zerstören. Rokström hat als derzeitiger Leiter des *Potsdam-Instituts für Klimafolgenforschung* und führender Kopf der internationalen Nachhaltigkeitsbewegung einen großen Einfluss auf das gegenwärtige wissenschaftlich-ökologische Bewusstsein. Auf die ökologisch-soziale Problematik der Künstlichen Intelligenz und der Digitalisierung geht Rokström jedoch überhaupt nicht ein.

** Wenn wir in diesem Buch von *Künstlicher Intelligenz* sprechen, so benutzen wir diesen Begriff im Sinne des gewaltigen wirtschaftlich-politischen und kulturellen Apparates, der sich in den letzten 20 Jahren weltweit entwickelt hat. In der Computerwissenschaft und Forschung wird eher der Begriff des *maschinellen Lernens* verwendet. Der Verfasser persönlich hält den Ausdruck *Künstliche Intelligenz* für tendenziell irreführend, da er suggeriert, es könne sich um eine der menschlichen Intelligenz überlegene Form von Intelligenz handeln. Er hält daher den Ausdruck *nichtmenschliche Intelligenz* für angemessener und spricht aus bestimmten Gründen eher von einer *Künstlichen Dummheit* (KD). Um der allgemeinen Verständlichkeit willen, hat der Verfasser dennoch die gebräuchliche Terminologie im Sinne von *KI* beibehalten.

*** „Alles, was digitalisierbar ist, werden wir digitalisieren", so Angela Merkel auf dem „Digitalgipfel" Anfang Dezember 2018 in Nürnberg. Sie wollte Deutschland damit zur führenden Macht auf dem Gebiete der KI machen. Zugleich hat ihre Regierung einen *Digitalpakt* geschlossen, um bundesweit alle Schulen zu digitalisieren und digitales Lernen allerorts einzuführen, wobei gleichzeitig auch noch das Grundgesetz geändert werden sollte, weil der dort festgeschriebene Föderalismus einer effektiven Umsetzung des Digitalpaktes im Wege stand. Außerdem wurde ein *Digitalrat* eingerichtet, dessen Leitlinien von der Digitalindustrie vorgegeben wurden. Näheres dazu findet sich in dem Buch des Verfassers *Digitale Zukunft. Kritische Betrachtungen zur digitalen Transformation und wie wir ihr wirksam begegnen können,* 3. Auflage, Stuttgart 2019.

Die im Folgenden beschriebene Entwicklung der Künstlichen Intelligenz erinnert aus anthroposophischer Sicht an ein Bild aus dem 13. Kapitel der Apokalypse des Johannes. Hier wird beschrieben, wie der vom Erzengel Michael besiegte und auf die Erde gestürzte Drache ein Tier aus dem Meer auf einen Thron setzt, das dann von den Menschen angebetet wird. Von diesem Tier sollen sich die Menschen auf Anweisung eines zweiten Tieres, das aus der Erde aufsteigt, ein Bild machen. Es verleiht diesem Bild daraufhin einen Geist, woraufhin das Bild des Tieres reden kann, und alle die es nicht anbeten, getötet werden. Das zweite Tier zwingt die Menschen außerdem dazu, sich ein Zeichen an ihre rechte Hand oder an die Stirn zu machen, ohne das niemand kaufen oder verkaufen kann. Dieses Zeichen sei der Name des zweiten Tieres, und der Name die Zahl eines Menschen. Es ist die

Zahl 666. Johannes, der Verfasser der Apokalypse verbindet
mit dem Namen des Tieres eine Zahl, weil im Hebräischen
alle Buchstaben zugleich eine Zahl darstellen. In der christli-
chen Tradition wird diese Zahl mit dem in den Briefen des
Johannes erwähnten *Antichrist* identifiziert.

Zu Seite 42

* Zur Landschaftsentstehung und Erhaltung der Alpen gibt
es eine umfangreiche Forschungsliteratur. Erwähnt sei hier
nur das Standardwerk von *Werner Bätzing, Die Alpen. Geschichte und Zukunft einer europäischen Kulturlandschaft,* München 2025.

** Auf die Bedrohung der Kulturlandschaft der Alpen durch
den Ski- und sonstigen Tourismus geht *Werner Bätzing* in dem
erwähnten Buch genauer ein.

Zu Seite 44

* Einen Einblick in die digitalisierte Landwirtschaft und Er-
nährungsindustrie gibt das Buch von *Olaf Deininger* und *Hen-
drik Haase, Food Code. Wie wir in der digitalen Welt die Kontrolle
über unser Essen behalten,* München 2021.

Zu Seite 45

* Hinter dem Namen *Alexa* verbirgt sich eine optisch an einen Lautsprecher erinnernde Überwachungstechnologie, mit
der der Kunde sprechen und Bestellungen tätigen, aber auch
bestimmte Vorgänge in seinem Haushalt steuern kann. Eine
ausführliche Darstellung der durch Künstliche Intelligenz beherrschten Unternehmensstrategie des Amazon-Gründers
Jeff Bezos findet sich in dem Buch *Der Allesverkäufer. Jeff Bezos
und das Imperium von Amazon,* Frankfurt a.M. 2018, von dem
amerikanischen Journalisten *Brad Stone.*

** Wir können in diesem Buch nicht auf alle Zusammenhänge und Funktionsweisen der Künstlichen Intelligenz und die damit einhergehenden Gefahren detaillierter eingehen, zumal das in anderen Publikationen sehr viel genauer studiert werden kann. Aus anthroposophischer Sicht hat sich vor allem der Mathematiker *Edwin Hübner* in seinem 2020 erschienenen Buch *Menschlicher Geist und Künstliche Intelligenz. Die Entwicklung des Humanen inmitten einer digitalen Welt* mit diesem Thema in sehr lesenswerter und umfassender Weise beschäftigt.

Auch der Bereich der *Digitalisierung im Bildungswesen* und ihres Einflusses auf unsere Kinder wurde in anderen Publikationen bereits ausführlich dargestellt. Der Verfasser hat dieses Thema in seinen beiden Büchern *Der Mensch zwischen Über- und Unternatur*, 2. Auflage Stuttgart 2023, und in *Aufmerksamkeitsdefizite. Wie das Internet unser Bewusstsein korrumpiert und was wir dagegen tun können*, Stuttgart 2013, behandelt. Auch der Waldorfpädagoge und Medienwissenschaftler *Rainer Patzlaff* ist in seinem Buch *Die Sphinx des digitalen Zeitalters. Aspekte einer Menschheitskrise*, Stuttgart 2021, auf diese Zusammenhänge eingegangen.

Die aus unserer Sicht äußerst kritisch zu beurteilende Entwicklung der Künstlichen Intelligenz im Bereich der Sprach- und Texterkennung sowie der Generierung von textlichen und bildlichen Inhalten durch *ChatGPT* würde eine eigenständige Behandlung erforderlich machen. Zu ChatGPT gibt es aber mittlerweile zahlreiche kritische Veröffentlichungen. Aus anthroposophischer Sicht hat hierzu ebenfalls *Edwin Hübner* in dem Buch *ChatGPT. Symptom einer technischen Zukunft. Aufgaben der Schule im Zeitalter der Mechanisierung des Geistes*, Stuttgart 2023, ausführlich Stellung genommen.

Zu Seite 46

* Die problematische Seite des autonomen Fahrens wird in sehr erhellender und unterhaltsamer Form in dem Buch *Phi-*

losophie des Fahrens. Warum wir gern am Steuer sitzen und was das mit Freiheit zu tun hat, Berlin 2022, von dem amerikanischen Kulturphilosophen *Matthew B. Crawford* beschrieben.

Zu Seite 47

* Genauere Details zu den gesundheitlichen und umweltschädigenden Auswirkungen der 5G-Technologie finden sich ebenso wie die Problematik des enormen Energiebedarfs dieser Technologie in den Publikationen und auf der Webseite von *diagnose: funk:* www.diagnose-funk.org Der Verfasser hat gemeinsam mit *Peter Hensinger*, einem der Initiatoren von diagnose: funk auf mehreren Veranstaltungen zu diesem Thema gesprochen und ist mit ihm freundschaftlich verbunden. Weitere Informationen dazu finden sich auch in dem schon erwähnten Buch des Verfassers *Digitale Zukunft.*

Auf die mit dem autonomen Fahren verbundenen rechtlich-ethische Konsequenzen können wir an dieser Stelle ebenfalls nicht genauer eingehen. Diese können an anderer Stelle und in wissenschaftlicher Form zum Beispiel in dem Buch *Autonomes Fahren. Technische, rechtliche und gesellschaftliche Aspekte,* Heidelberg 2015, von *Markus Maurer* (Hg.) nachgelesen werden.

Zu Seite 48

* Die Details über den durch Digitaltechnik realisierten Völkermord an den Uiguren kann man in dem Buch von *Philipp Matheis, Ein Volk verschwindet. Wie wir China beim Völkermord an den Uiguren zuschauen,* Berlin 2022, nachlesen.

** *Edward Snowden* hat die Geschichte seiner Enthüllungen über die Massenüberwachung der NSA, die sich eben nicht nur auf einzelne Terroristen, sondern praktisch auf alle Bürger ausgedehnt hat, in seiner Autobiographie *Permanent Re-*

cord. Meine Geschichte, Frankfurt a.M. 2020 in ergreifender Weise dargestellt.

*** Die Geschichte der Künstlichen Intelligenz im Zusammenhang mit *John von Neumann* und dem *Manhattan Project* kann man in der äußerst spannenden, romanartigen Biographie *Maniac* von *Benjamin Labatut,* Berlin 2023 nachlesen.

Zu Seite 49

* Eine genauere Darstellung dieser Zusammenhänge findet sich in dem zum 100. Geburtstag von *Joseph Weizenbaum* erschienenen Band von *Gunna Wendt, Computermacht und Vernunft. Hommage an Joseph Weizenbaum,* München 2023. Aus diesem Buch stammt auch das Zitat (S. 70 – 71). Seine grundlegende Kritik an der Entwicklung der Computertechnik und der Künstlichen Intelligenz hat er bereits 1976 in *Die Macht der Computer und die Ohnmacht der Vernunft* formuliert. In dem zitierten Buch fasst er seine Sichtweise wie folgt zusammen: „Man sollte vielleicht nicht fragen: Was ist der Einfluss des Computers auf die Gesellschaft – sondern gerade umgekehrt: Was ist der Einfluss der Gesellschaft auf die Entwicklung des Computers?" (A.a.O. S. 70).

** Siehe oben die Anmerkung zu Seite 8. Der Begriff der *Unverfügbarkeit* stammt übrigens, wie Rosa in einer Anmerkung deutlich macht, aus dem Bereich der negativen Theologie im Sinne der Unverfügbarkeit Gottes und wurde erstmals um 1930 von *Rudolf Bultmann* verwendet.

Zu Seite 50

* Das Konzept der *Resonanz* hat Hartmut Rosa in seinem gleichnamigen, 2016 erschienenen Hauptwerk ausführlich dargelegt.

Zu Seite 53

* Zitat aus: *Ray Kurzweil, Menschheit 2.0 – Die Singularität naht,*
2. Aufl. Berlin 2014, S. 144.

Zu Seite 55

* Zu Angela Merkels Digitalisierungsdevise vgl. oben die
Anmerkung zu Seite 17.

** *Kate Crawford, Atlas der KI. Die materielle Wahrheit hinter den
Datenimperien,* München 2024.

*** Diese kritische Sichtweise auf die KI macht seit Joseph
Weizenbaum vor allem deutlich, dass der Entwicklung der KI
ein viel zu einfaches Bild des Menschen und seines Gehirns
als eines bloßen Informationsverarbeitungssystems zugrunde
liegt. Daraus ergibt sich aber auch, dass die Maschinen nicht
lernen können wie ein Kind, was viele KI-Entwickler be-
haupten, sondern eben nur wie Maschinen. Oder mit den
Worten des ehemaligen Schachweltmeisters *Garri Kasparov*
ausgedrückt: Auch ein Flugzeug kann nicht fliegen wie ein
Vogel, sondern eben nur wie ein Flugzeug. Kasparov war
1997 der erste Schachweltmeister, der von einem Computer-
programm besiegt wurde. Über seine Erfahrungen berichtet
er in seinem Buch *Deep thinking. Where artificial intelligence ends
and human creativity begins,* englische Ausgabe 2018.

Zu Seite 58

* Alle hier genannten Fakten hat der Verfasser dem oben
genannten *Atlas der KI* von *Kate Crawford* entnommen.

** Als *seltene Erden* bezeichnet man Mineralien wie z.B. *Dys-
prosium, Neodym* und *Germanium,* die in den Smartphone-Laut-
sprechern und Elektromotoren sowie in den militärischen
Infrarotsystemen von Drohnen sowie in anderen digitalen

Geräten Verwendung finden. Der Hauptgrund für ihre Verwendung ist jedoch, dass man die Geräte dadurch miniaturisieren kann, was wiederum auf die Interessen der Militärindustrie zurückzuführen ist. Denn diese benötigt in ihren Waffensystemen natürlich keine schweren, sondern kleine und leichte Apparaturen. Wie auch bei der sogenannten *zivilen Nutzung der Atomkraft* steht die Entwicklung der digitalen Geräte und der KI unter dem direkten Einfluss militärischer Interessen.

Zu Seite 59

* *Lewis Mumford, Technics & Civilisation,* Chicago 2010, S.74.

Zu Seite 60

* Laut einer Meldung des Spiegel vom 17.10. 2024.

** Laut einer Meldung von *T-Online* am 6.1. 2025: https://www.t-online.de/nachrichten/tagesanbruch/id_100566254/trump-google-deutschland-eine-zaesur.html

Zu Seite 61

* www.greenpeace.de/engagieren/nachhaltiger-leben/black-friday-amazon-befeuert-klima-artenkrise   Eine Meldung vom 25.11. 2022 anlässlich der *Black-Friday-Week* bei Amazon.

** Laut *Statista* lag der Anteil des Straßenverkehrs am weltweiten CO^2-Ausstoß 2022 bei 16%.

Zu Seite 62

* Den Ausdruck *Megamaschine* hat der bereits zitierte *Lewis Mumford* in seinem Buch *Mythos der Maschine,* Frankfurt M. 1977, am Beispiel des *Manhattan Projects* entwickelt, an dem insgesamt 130.000 Menschen unter strengster Geheimhal-

tung und von der Öffentlichkeit ständig abgeschirmt beteiligt waren.

Zu Seite 64

* Zur Entwicklung des Taylorismus im Zusammenhang mit der Maschinenintelligenz gibt es erstaunlicherweise Vorträge von Rudolf Steiner aus dem Jahre 1917, in denen er diese Entwicklungen vorausgesagt hat. Siehe dazu den vom Verfasser unter dem Titel *Der elektronische Doppelgänger,* 4. Auflage, Basel 2020, herausgegebenen Band – dort vor allem die beiden Vorträge vom 19. und 25.11. 1917, S. 107 ff.

Weitere Details über die bei *Amazon* herrschenden Arbeitsbedingungen können in dem erwähnten Buch von *Kate Crawford* nachgelesen werden.

Zu Seite 65

* Welche sozialen Folgen die KI in Form von ChatGPT und anderen KI-Assistenten noch haben wird, lässt sich vom jetzigen Zeitpunkt aus nur ahnen. In jedem Falle werden Millionen von Arbeitsplätzen in der Medienwirtschaft, in Verlagen und Redaktionen, aber auch in der Personalverwaltung und in vielen anderen Bereichen durch die KI ersetzt und mithin die Intelligenz des Menschen durch eine Maschinenintelligenz. Weitere Details dazu können in den oben genannten Büchern von *Edwin Hübner* und anderen nachgelesen werden.

** Zum Thema der *Elektrosensibilität* finden sich zahlreiche Artikel und Literaturhinweise auf der oben bereits erwähnten Webseite von *diagnose: funk:* www.diagnose-funk.org.

Zu Seite 66

* WLAN bedeutet „wireless local area network", also ein drahtloses lokales Mobilfunknetz. Da wir uns an dieser Stelle

jedoch auf die Frage der globalen Auswirkungen der Mobilfunkstrahlen konzentrieren wollen, also auf die Auswirkung von elektromagnetischer Strahlung in der Erdatmosphäre, und nicht mit den gesundheitlichen Folgen für den einzelnen Menschen, klammern wir die Betrachtung der WLAN-Problematik an dieser Stelle aus.

** Sämtliche statistischen Angaben stammen von *statista* und können auf der Webseite www.statista.de nachgelesen werden.

Zu Seite 67

* Näheres dazu kann man in einem Beitrag von *Martin H. Virnich* unter dem Titel *Mobilfunk und Internet per Satellit – Der Strahlungsgrill von oben?* nachlesen: https:/de.readkong.com/page/mobilfunk-und-internet-per-satellit-der-strahlungs-grill-8881437.

Der Baubiologe Martin Virnich weist in diesem Artikel zwar nach, dass die aus dem Weltall per Satellit erzeugte Strahlung aufgrund des großen Abstandes zur Erdoberfläche im Vergleich zu der auf der Erde von terrestrischen Systemen abgegebenen Strahlungsbelastung verschwindend gering ist. Er hat jedoch den Einfluss der 5G-Satelliten-Strahlung auf die Erdatmosphäre und das Magnetfeld der Erde nicht untersucht. Siehe dazu die nachfolgenden Ausführungen.

** Weitere Details können unter www.diagnose-funk.org und in dem Beitrag von *Priyanka Bandara und David O. Carpenter* unter http://t1p.de/bv12 nachgelesen werden.

Zu Seite 70

* Zum negativen Einfluss elektromagnetischer Strahlung auf die Bienen hat sich der Bienenforscher *Dr. Ulrich Warnke* in einem Interview mit *diagnose: funk* ausführlich geäußert.

Siehe hierzu das Magazin *kompakt,* Heft 1/24, das auf der Webseite von *diagnose: funk* zu finden ist.

** So zeigte eine Debatte im Deutschen Bundestag bei der Lesung des TK- Netzbau-Beschleunigungs-Gesetzes (TKNa-BeG) am 11.10.2024, dass alle sechs Parteien im Deutschen Bundestag dem beschleunigten Ausbau der mobilen digitalen Infrastruktur ohne Bedenken einhellig zustimmen. Siehe dazu die aktuellen Meldungen auf www.diagnose-funk.org .

Zu Seite 71

* Im Hinblick auf die Beeinflussung unseres Klimas durch das Magnetfeld der Erde spricht man von der sogenannten *Schumann Resonanz.* In dem genannten Artikel heißt es dazu, dass die Wissenschaft den genauen Einfluss anthropogener elektromagnetischer Strahlung auf die Erdatmosphäre bisher noch nicht genauer untersucht hat.

** Die nachfolgende Darstellung des menschlichen Organismus und der Atemwegserkrankungen haben wir einem Beitrag von *Dr. Christoph Bernhardt* zur Corona-Erkrankung entnommen: *Die individuelle und gesellschaftliche Signatur von Covid-19,* in: *Corona – Was uns die Pandemie lehren kann,* herausgeben von Andreas Neider, Stuttgart 2022.

Zu Seite 73

* Über das Magnetfeld der Erde und seine Erzeugung durch den im Erdinneren liegenden *Geodynamo* kann man in dem Wikipedia-Artikel über das *Erdmagnetfeld* nähere Informationen finden.

** Welche Rolle das Magnetfeld der Erde bei der Klimaerwärmung spielt, und wie dieses durch die elektromagnetischen Strahlungen beeinträchtigt wird, ist wissenschaftlich leider noch nicht untersucht worden. Es liegt aber der dringende Verdacht nahe, dass dieses Feld aufgrund seiner Verwandtschaft mit den elektromagnetischen Strahlen der Mobilfunktechnologien sowohl mittels der Sendemasten auf der Erde wie mittels der Satelliten aus dem Weltall beeinträchtigt wird. Da das Magnetfeld der Erde hauptsächlich dazu dient, unseren Planeten vor den negativen Kräften der Sonne, den sogenannten *Sonnenwinden* zu schützen, könnte es sein, dass eine Schwächung dieses Magnetfeldes ebenso wie die Treibhausgase zu einer Erwärmung der Erde durch die Sonne beiträgt.

Seit dem 20. Jahrhundert hat sich jedenfalls der magnetische Nordpol, der in der kanadischen Arktis liegt, in auffälliger Weise nach Nordwesten verschoben, und zwar um 30 Kilometer pro Jahr! Gleichzeitig hat sich die Stärke des Erdmagnetfeldes in den letzten 100 Jahren um etwa 6 % verringert, was die Erde wie gesagt verstärkt den Sonnenwinden aussetzt.

Auch wenn die Veränderungen des Magnetfeldes der Erde hauptsächlich von den dynamischen Vorgängen im Erdinneren, dem sogenannten *Geodynamo,* abhängig sind, ist es dennoch eine Frage, welche Rolle der menschlich-technologische Einfluss bei diesen Veränderungen spielt. Genaueres hierzu findet sich im dem oben genannten *Wikipedia-Artikel.* Ob diese Vorgänge mit dem Klimawandel und der Erderwärmung im Zusammenhang stehen, und ob diese durch den Eingriff des Menschen beeinflusst werden, ist wissenschaftlich jedoch nach wie vor ungeklärt.

Eine solche Beeinflussung liegt aber unter dem hier geschilderten Aspekt nahe, dass der Klimaerwärmung eine Art von *Fiebererkrankung der Erde* zugrunde liegen könnte. Diese Erkrankung bestünde demnach in einer Art von *Stoffwechselreaktion* durch eine Veränderung des Erdmagnetfeldes auf eine zu starke Durchdringung des rhythmischen Systems der Erde durch technologische Nerven-Sinnes-Prozesse. Eine solche Reaktion des Erdmagnetfeldes wiederum hätte eine stärkere Aussetzung der Erde den Sonnenwinden gegenüber zur Folge, was wiederum mit einer Erderwärmung einhergehen könnte. Aber wie gesagt kann das hier nur als eine noch zu überprüfende Hypothese formuliert werden.

Zu Seite 75

* Der Verfasser hat bereits 2019 dazu ein eigenes Buch unter dem Titel *Denken mit dem Herzen – Wie wir unsere Gedanken aus dem Kopf befreien können,* 2. Aufl., Stuttgart 2023, veröffentlicht, in dem sowohl eine Kulturgeschichte des Denkens mit dem Herzen wie auch zahlreiche meditative Übungen beschrieben werden.

Zu Seite 77

* Rudolf Steiner hat im Hinblick auf ein solches gegenseitige Geben und Nehmen zwischen Mensch und Erde bereits im Jahr 1924 die *biologisch-dynamische Landwirtschaft* begründet, die bis heute eine weltweite Verbreitung gefunden hat. Sie bildet für den ganzen Bereich der Landwirtschaft die fundamentale Grundlage, um der Intelligenz des Planeten als Mensch und Landwirt wieder gerecht zu werden. Da es dazu heute jedoch eine Fülle von einführender Literatur gibt, gehen wir darauf an dieser Stelle nicht weiter ein. Eine sehr gute Einführung bietet zum Beispiel das Buch von *Matthias Mochner, Das Demeter-Phänomen. Die biologische-dynamische Landwirtschaft – ein Weg aus der Sackgasse der Agrochemie,* Berlin 2015.

** Die nachfolgend beschriebenen Übungen findet man im ersten Kapitel von Rudolf Steiners grundlegendem Schulungsbuch *Wie erlangt man Erkenntnisse der höheren Welten?*

(1904), das heute in zahlreichen Neuausgaben verfügbar ist, ausführlich beschrieben.

Rudolf Steiner hat außerdem bereits in Vorträgen des Jahres 1917, die der Verfasser unter dem Titel *Der elektronische Doppelgänger*, Basel, 4. Auflage 2020, herausgeben hat, die Entstehung der *Künstlichen Intelligenz* und des *Internets* vorher gesagt. Weiterhin hat er sich über die Menschheitskrise des 20. Jahrhunderts sehr deutlich in dem bekannten, von *Andreas Laudert* herausgegebenen Vortrag *Was tut der Engel in unserem Astralleib*, NA, Basel 2023, ausgesprochen.

Zu Seite 79

* Ein gutes Beispiel für ein spirituell orientiertes ökologisches Denken ist aktuell der oben unter den Anmerkungen zu Seite 5 bereits zitierte Ökophilosoph *Charles Eisenstein*.

Zu Seite 82

* Die Übung der *Positivität* ist die am häufigsten in dem Buch *Wie erlangt man Erkenntnisse der höheren Welten* beschriebene Übung, und sie wird an mehreren Stellen jeweils auf eine etwas andere Art beschrieben. So taucht sie beispielsweise in dem Kapitel Über einige Wirkungen der Einweihung als eine der sogenannten *sechs Nebenübungen* auf. Oder sie wird bei der Beschreibung des *achtgliedrigen Pfades* im selben Kapitel als zu der ersten dieser Übungen, *Die richtige Meinung*, gehörig beschrieben, nämlich als die Fähigkeit, jegliche Kritik in den eigenen Gedanken zugunsten eines stillen hingebungsvollen Zuhörens zu unterbinden. Näheres zu diesen *Nebenübungen* findet man neben den Ausführungen in *Wie erlangt man…?* in Rudolf Steiners *Anweisungen für eine esoterische Schulung*, die in verschiedenen Ausgaben erhältlich sind.

** Von der *inneren Sonne* spricht Rudolf Steiner gleich im

ersten Kapitel von *Wie erlangt man…?*“ Er erwähnt sie aber auch in seinem letzten Werk *Anthroposophische Leitsätze*, GA 26, in den *Michael-Briefen* an mehreren Stellen und nennt sie in dem Brief *Michaels Mission im Weltenalter der Menschen-Freiheit*, die *geistige Sonne*. Dort heißt es wörtlich:

„Der Mensch weiß sich in einer Wirklichkeit, wenn er der physischen Sonne gegenübersteht und durch sie Wärme und Licht empfängt.

So muss er der geistigen Sonne, Christus, die ihr Dasein mit dem Erdendasein vereint hat, gegenüber leben und von ihr in der Seele das lebendig empfangen, was in der geistigen Welt der Wärme und dem Licht entspricht.

Er wird sich von der «geistigen Wärme» durchdrungen fühlen, wenn er den «Christus in sich» erlebt.“

Zu Seite 83

* Zur *Kinderbesprechung* findet man detaillierte Beschreibungen in dem Buch von *Christof Wiechert, „Du sollst sein Rätsel lösen …“. Gedanken zur Kunst der Kinder- und Schülerbesprechung*, Dornach 2017 und in dem Buch von *Anna Seydel, Ich bin Du. Kindererkenntnis in pädagogischer Verantwortung*, Stuttgart 2014.

Zu Seite 85

* Über das sinnlich-sittliche Erleben der Natur hat Goethe im Zusammenhang mit den Farben der Natur in seiner Farbenlehre gesprochen. Siehe dazu *J.W. Goethe, Farbenlehre. Didaktischer Teil, Zur Farbenlehre (1810), Sechste Abteilung – Sinnlich-sittliche Wirkung der Farben. Mit Einleitungen und Kommentaren von Rudolf Steiner. Herausgegeben von Gerhard Ott und Heinrich O. Proskauer*. 7. Auflage, Stuttgart 2003.

** In künstlerischer Weise kann man seine Sinneseindrücke zum Beispiel auch bei den *meditativ-künstlerischen Landschaftswochen* der *Akanthos-Akademie,* die zweimal jährlich in der mecklenburgischen Seenplatte und im französischen Jura stattfinden, vertiefen. Näheres dazu unter www.landschaftswoche. de.

Zu Seite 89

* Selma Lagerlöfs Kinderbuchklassiker ist in einer Neuübersetzung besonders für Erwachsene sehr gut lesbar: *Nils Holgerssons wunderbare Reise durch Schweden,* neu übersetzt von *Thomas Steinfeld, Die andere Bibliothek,* Frankfurt a.M. 2015. Diese Fassung ist auch als Hörbuch erschienen und wird von *Robert Seethaler* sehr gut gesprochen.

Zu Seite 90

* Der Verfasser hat in *Die Drei 6/2023* zu diesem Thema einen Aufsatz unter dem Titel *„Jede Erkenntnis wandelt das Erkannte"* veröffentlicht.

Zu Seite 91

* *Michaela Glöckler* hat in ihrem Buch *Das Herz als Ort des Gewissens. Wege zu geistiger und körperlicher Immunität,* Stuttgart 2022, auf diese neue Art der Gewissensbildung hingewiesen. Es ist zur Vertiefung des hier Gesagten zur Lektüre sehr zu empfehlen.

** Diese Textstelle findet sich im *Heinrich von Ofterdingen* in dem längeren Gespräch, das der Weise *Sylvester* auf die Bitte *Heinrichs,* ihm doch das Gewissen begreiflich zu machen, mit ihm führt.

*** Dieser Ausspruch stammt unter der Nummer 32 aus *Novalis'* Sammlung *Blüthenstaub.*

Zu Seite 94

* Zum diesem Thema hat ein ehemaliger Mitarbeiter der

Bundestagskommission für Technikfolgenabschätzung, *Otto Ulrich,* 2023 ein lesenswertes Buch unter dem Titel *Unser Blackout – Zukunft ohne Strom,* veröffentlicht. Die Perspektive auf eine Energie ohne Elektrizität verdankt der Verfasser unter anderem den in diesem Buch enthaltenen Ideen von Otto Ulrich.

Zu Seite 95

* Rudolf Steiner spricht in dem bereits oben erwähnten letzten Brief *Von der Natur zur Unternatur* in seinem letzten Werk, den *Anthroposophischen Leitsätzen* (GA 26), davon, dass diese Energieformen von der Natur in die *Unternatur* führen, weil sie sich der sinnlichen Wahrnehmung entziehen. Insbesondere die Elektrizität, aber auch der Magnetismus und die Radioaktivität sind mit unseren leiblichen Sinnen nicht wahrnehmbar. Steiner bezeichnet sie daher auch als *untersinnlich.*

Zu Seite 97

* Genaueres über die Entwicklung dieses ersten Computers im Rahmen der Entwicklung der Atombombe in *Los Alamos* kann man in der ausgezeichneten, 2023 erschienenen Romanbiografie von *Benjamin Labatut* über *John von Neumann,* unter dem Titel *Maniac,* nachlesen.

** Die *Von-Neumann-Architektur* bezeichnet den Aufbau eines Computers, der aus einem Speicher besteht, in dem sich sowohl die Computerprogrammbefehle wie auch die zu speichernden Daten befinden. Diese Grundausstattung ist auch heute noch die Basis der meisten Computer. Sie ermöglicht es, dass Änderungen an der Software, also am Betriebssystem und anderen Programmen ohne Änderungen an der Hardware leicht durchführbar sind. Die Grundlagen dieser Architektur hatte vor *John von Neumann* bereits 1938 *Konrad Zuse* in seiner *Z1-Maschine* realisiert und patentieren lassen.

Zu Seite 98

* Warum diese Entwicklung ausgerechnet im kalifornischen *Silicon Valley* stattgefunden hat, kann man anhand der vom Verfasser herausgegebenen Vorträge *Rudolf Steiners: Der elektronische Doppelgänger*, Basel, 4. Auflage 2020, erfahren.

Zu Seite 99

* Mehr über die immensen gesundheitlichen Schäden, die das Internet und die Smartphones bei Kindern und Jugendlichen anrichten, kann man in den bereits genannten Büchern des Verfassers, vor allem in seinem Buch *Aufmerksamkeitsdefizite*, ganz aktuell aber auch in dem 2024 erschienenen Buch *Generation Angst* des amerikanischen Sozialpsychologen *Jonathan Haidt* nachlesen. Siehe dazu auch das Video des Verfassers: https://www.youtube.com/watch?v=qdWuHh6I6GM

Zu Seite 102

* Siehe dazu die vom Verfasser herausgegebenen und bereits oben erwähnten Vorträge Steiners von 1917 unter dem Titel *Der elektronische Doppelgänger*.

** Bei *Theodora,* der Frau des Dr. Strader, handelt es sich um eine hellseherisch begabte Frau, die bereits im ersten Bild des ersten Mysteriendramas *Die Pforte der Einweihung* auf der Bühne erscheint und von ihrer Vision spricht. In dieser Vision sieht sie das von Rudolf Steinerselbst im Jahre der Uraufführung dieses ersten Mysteriendramas (1910) vorhergesagte Wiedererscheinen des Christus in der Ätherischen Welt voraus. Sie spricht davon, dass sich dieses Wiedererscheinen dadurch zeigen würde, dass mehr und mehr Menschen den Christus in der Ätherischen Welt wahrzunehmen in der Lage sein würden. Im Laufe dieses Dramas zeigt sich, dass der Ingenieur und Techniker Dr. Strader sich von dieser Seherin stark angezogen fühlt. Die weitere Entwicklung führt schließlich dazu, dass die beiden heiraten und fortan zusammen leben und wohnen. Alles Nähere kann in den Dramen selber nachgelesen werden: *Rudolf Steiner, Vier Mysteriendramen,* 6. Auflage, Basel 1924.

Zu Seite 104

* Die nachfolgend eingefügten Skizzen wurden Heft 107, Michaeli 1991 der *Beiträge zur Rudolf Steiner Gesamtausgabe* entnommen. Sie stammen von *Oskar Schmiedel* und *Hans Kühn.* Ersterer war bei der Uraufführung des dritten Mysteriendramas 1912 in München dabei und fertigte unter der Anleitung Rudolf Steiners die auf der Bühne sichtbaren Modelle an. Hans Kühn, der als ganz junger Mann in München ebenfalls dabei war, hat diese Modelle später aus der Erinnerung nachgebaut und dazu ebenfalls Skizzen angefertigt. Genaueres zur Geschichte dieser Modelle kann man in dem Buch *Maschinen und der Menschengeist* von *Paul Emberson* nachlesen. Emberson hat die Geschichte dieser Modelle nach dem Tod der ursprünglich Beteiligten und die darüber noch vorhandenen Aufzeichnungen im Detail untersucht und rekonstruiert. Dazu kann man auch den Artikel über den *Strader-Apparat* bei *Anthro-Wiki* nachlesen: https://anthrowiki.at/Strader-Apparat

Zu Seite 107

* *Strader:tech* hat den Strader-Apparat nicht nur rekonstruiert, sondern auch weiter entwickelt. So stammt die Zuordnung der Führungsgeräte zu den vier Ätherarten nicht von *Rudolf Steiner,* sondern von *Jan-Gabriel Niedermeier* und *Esther Böttcher.* Auch das vierte Führungsgerät zum Wärmeäther stammt von ihnen und war in der ursprünglichen Anordnung während der Mysteriendramen nicht auf der Bühne zu sehen. Weiterhin stammt auch die Verwendung verschiedener Substanzen

von *strader:tech*, da sie in den ursprünglichen Skizzen von *Oskar Schmiedel* aufgrund von fehlenden Angaben Rudolf Steiners nicht angegeben waren.

Die Details können in der Broschüre, die bei *strader:tech* angefordert werden kann, nachgelesen und in den von *strader:tech* angebotenen Kursen weiter vertieft werden. Alle Infos zu den Fortbildungsangeboten siehe www.strader.tech

Zu Seite 108

* So kann beispielsweise eine E-Mail an den Absender geschickt werden. Dieser wird dabei bemerken, dass diese an den Absender selbst versendete Mail in Sekundenbruchteilen schon wieder bei einem selbst angelangt ist, obwohl ganz klar ist, dass diese nicht innerhalb des eigenen Computers verblieben, sondern zunächst an den Server des Email-Providers gesendet worden ist, der sich möglicherweise am Polarkreis oder sonst irgendwo auf dem Globus befindet. Und von dort aus wird er dann an den Absender wieder zurück gesendet. Diese zum Teil riesigen geografischen Entfernungen spielen aber für die elektrischen Ströme, die dabei als Medium der versendeten Email dienen, keinerlei Rolle.

** Genaueres über die vier Ätherarten kann man bei *Ernst Marti* in seinen Büchern *Das Ätherische*, Basel, 4. Aufl. 2024 und *Die vier Ätherarten*, Stuttgart 8. Aufl. 2016 nachlesen. Von ihm stammt auch die Zuordnung der Ätherarten zu den vier Elementen und zu den vier untersinnlichen Kräften.

Zu Seite 113

* Rudolf Steiner hat in seinem zusammen mit Ita Wegman verfassten letzten Buch *Grundlegendes zu einer Erweiterung der Heilkunst* (1925), Basel, 8. Aufl. 2014, paradigmatisch festgestellt, dass unsere Denk und Vorstellungskräfte verwandelte Lebenskräfte sind. Diese werden verwandelt, wenn sie zum

Aufbau und Erhalt des physischen Leibes nicht mehr benötigt werden, was ab dem dritten Lebensjahr geschieht, sobald das kleine Kind anfängt, selbstständig zu sprechen, zu denken und Ich zu sich zu sagen. Genaueres dazu kann man in dem genannten Werk Rudolf Steiners studieren.

Zu Seite 118

* Über die *Hygienische Eurythmie* kann man in den Büchern von *Sivan Karnieli* Näheres erfahren. Z.B.: *Wer sich bewegt, kommt zu sich selbst – Eurythmie für jeden Tag*, Basel 2020.

** Näheres über die *Griechischen Mysterien* kann man in dem gleichnamigen Buch von *Frank Teichmann*, Stuttgart 2007, erfahren.

Zu Seite 123

* Dazu gehört vor allem der ganze Bereich der *Bildekräfteforschung*, auf die wir an dieser Stelle aber nicht ausführlicher eingehen können. Siehe dazu *Dorian Schmidt, Lebenskräfte – Bildekräfte. Methodische Grundlagen zur Erforschung des Lebendigen*, 2. Aufl., Stuttgart 2021 sowie *Markus Buchmann, Wolfgang Schneider, Ulrike Wendt, Alchemie der Klimakrise. Anleitung für ein inneres Verhältnis zu unserer Erde*, Stuttgart 2024.

Zu Seite 124

* Einige andere Formen einer zukünftigen, das Leben fördernden Technologie hat *Paul Emberson* in seinem bereits erwähnten Buch *Maschinen und der Menschengeist* beschrieben.